CLV

Stephanie Himmelmann

Hinter den Wolken scheint die Sonne

Strahlen können trotz Strahlentherapie

CLV

Wenn nicht anders vermerkt, sind die Bibelzitate der Elberfelder Übersetzung 2003, Edition CSV Hückeswagen, entnommen.

Über die Autorin:

Stephanie (1978) ist verheiratet mit Marcel (1976). Ihre beiden Kinder heißen Lena (2005) und Felix (2007). Sie wohnen in einem kleinen Dorf in Nordhessen im Landkreis Waldeck-Frankenberg. Stephanies Mann ist Lehrer und Schulleiter und sie selbst hat als Kinderkrankenschwester gearbeitet. Sie besuchen als Familie eine bibeltreue christliche Gemeinde.

1. Auflage 2024

Ravensberger Bleiche 6 · 33649 Bielefeld
www.clv.de

Satz: EDV- und Typoservice Dörwald, Steinhagen
Umschlag: Lucian Binder, Marienheide
Druck und Bindung: FINIDR, s.r.o., Český Těšín, Tschechien

Artikel-Nr. 256696
ISBN 978-3-86699-696-0

Inhalt

Vorwort

»Und wenn *ein* Glied leidet, so leiden alle Glieder mit;
oder wenn *ein* Glied verherrlicht wird,
so freuen sich alle Glieder mit.«
(1. Korinther 12,26)

Oft ging es mir so wie in diesem Vers aus der Bibel, wenn ich an Stephanie dachte: *Wie kann Gott in ihrem Leben eine solche Krankheit zulassen? Was sind seine Gedanken und Absichten dabei?* Stephanie stand mitten im Leben. Sie hat ihre Kraft und Zeit Gott zur Verfügung gestellt und anderen stets Hilfe angeboten. Sie war für viele ein Vorbild und doch hat Gott sie aus ihrem gewohnten Leben gerissen.

Seit Stephanies erster Darmkrebsdiagnose im Jahr 2007 glich ihr Leben einer Berg- und Talfahrt. Sie und ihre Familie haben viel Leid, Schmerz und Traurigkeit erfahren. Oft waren die Diagnosen der Ärzte entmutigend, aber Stephanie hat nie aufgegeben und sich immer wieder zurück ins Leben gekämpft. Ihr Mann, ihre Kinder und unser großer Gott haben ihr dazu die Kraft gegeben.

Stephanie hat mir gezeigt, dass man auch in schweren Lebensumständen von Gott getragen wird. Sie hat rückblickend gelernt, den Mut nicht zu verlieren und nicht an der Treue Gottes zu zweifeln, obwohl vieles nicht so lief, wie sie gehofft hatte und die Ärzte sie schon aufgeben wollten.

Ich werde nie vergessen, wie sie einmal sagte, dass sie das alles nicht missen wollte, weil sie in dieser ganzen Zeit Gott besser kennengelernt hätte und ihre Beziehung zu ihm intensiver geworden sei.

Wow, habe ich gedacht, *es gibt nicht viele Menschen, die so etwas sagen würden!* Ich gehöre mit Sicherheit nicht zu ihnen. Oft ärgere ich mich über kleine Schwierigkeiten im täglichen Leben. Aber das ist alles nichts im Vergleich zu dem, was Stephanie seit Beginn ihrer Krankheit erlebt und durchgemacht hat. Durch sie habe ich gelernt, ruhig zu bleiben und mich im Gebet an Gott zu wenden.

Ich bin froh, dass meine Freundin nach langem Überlegen dieses Buch geschrieben hat. Ihre Geschichte soll anderen Mut machen, trotz schwieriger Lebenslagen nicht aufzugeben, sondern auf Gottes Hilfe zu vertrauen. Mein Wunsch ist, dass Menschen durch dieses Zeugnis Jesus Christus besser kennenlernen. Wir können Gottes Pläne nicht immer verstehen, aber wir wissen, dass er keine Fehler macht. Er trägt uns, so wie er meine Freundin getragen hat.

»Der HERR ist meine Stärke und mein Schild; auf ihn hat mein Herz vertraut, und mir ist geholfen worden; daher frohlockt mein Herz, und ich werde ihn preisen mit meinem Lied.« (Psalm 28,7)

Nadine

Von Lebenskrisen und anderen Katastrophen

Ich weiß nicht, in welcher (vielleicht extremen) Lebenssituation Du Dich gerade befindest. Ich weiß auch nicht, ob Du Gott kennst. Aber es lohnt sich auf jeden Fall, ihn kennenzulernen. Warum? Das will ich in diesem Buch zeigen.

Als ich im fünften Schuljahr war, lud mich eine Klassenkameradin in den Osterferien zu einer Freizeit mit einer christlichen Teeniegruppe ein, die zu einer evangelisch-freikirchlichen Gemeinde gehörte. Mir gefiel diese Freizeit so gut, dass ich anschließend diese Teeniegruppe regelmäßig besuchte.

1991 gingen wir mit dieser Gruppe zu einer Veranstaltung, bei der ich eine Andacht hörte. Die Botschaft bewegte mich sehr und ich beschloss, von da an mein Leben mit Jesus Christus zu leben. Ich bekannte ihm meine Schuld, übergab ihm mein sündiges Herz und vertraute ihm die Führung meines Lebens an. Seit diesem Tag bin ich ein Kind Gottes und darf erleben, dass Gott ein wunderbarer Vater und Herr ist. Er ist die Liebe in Person. Er ist treu und geduldig. Er ist uns nah. Er ist es wert, geliebt zu werden. Er ist immer und zu jeder Zeit Herr der Lage. Ich möchte Dich gerne an diesem besonderen Aspekt meines Lebens teilhaben lassen und Dir erzählen, was Jesus Christus mir bedeutet und wer er für mich ist.

In der oben erwähnten Teeniegruppe lernte ich einige neue Leute kennen, unter anderem auch einen jungen Mann namens Marcel. Wir verstanden uns gut und unternahmen in unserer Freizeit viel gemeinsam in der Gruppe. Ich lernte Marcel immer besser kennen – und schließlich lieben.

Marcel und ich heirateten im August 2000. Marcel studierte damals noch auf Lehramt in Kassel und ich arbeitete als Kinderkrankenschwester in einem Klinikum in derselben Stadt. Im Dezember 2004 wurde ich schwanger und wir beschlossen, zum Ende des Referendariats, das Marcel an einer Schule in Frankenberg absolvierte, wieder in unsere alte Heimat zurückzuziehen. So würden wir näher bei unseren Eltern und den zukünftigen Großeltern leben, was sich später als sehr vorteilhaft herausstellen sollte. Am 1. August 2005 zogen wir um, und am 9. August kam unsere Tochter Lena zur Welt. Wir waren sehr glücklich als kleine Familie. Marcel bekam nach dem Referendariat eine Festanstellung als Lehrer und wir schlugen feste Wurzeln in Frankenberg. Unser Leben war rundum glücklich und schön: Wir besuchten eine freie christliche Gemeinde, in der wir uns angenommen und zu Hause fühlten. Marcel brachte sich mit Freude in der Jugendarbeit dort ein. Es dauerte nicht lange und ich wurde im Mai 2006 wieder schwanger.

Ein Gefühl der Ohnmacht

Die Schwangerschaft verlief für mich nicht ganz leicht. Ich war sehr oft müde und hatte häufig Bauchweh, außerdem hatte ich seit dem Sommer immer mal wieder Blut im Stuhl, was ich aber erst mal als harmlos abtat. *Vermutlich kommt das durch Hämorrhoiden*, vermutete ich. Als ich dies bei einem Gespräch mit meinem Hausarzt nebenbei erwähnte, fand er das aber gar nicht so harmlos, auch nicht, als ich ihm versicherte, dass die Blutung mir keinerlei Schmerzen oder Beschwerden bereite. Im Gegenteil, das machte ihm nur noch mehr Sorgen und er empfahl mir dringend, eine Darmspiegelung machen zu lassen. Aber diesem Rat bin ich nicht gefolgt. Ich hatte gehört, dass durch die Abführprozedur, die einer Darmspiegelung vorausgeht, vorzeitige Wehen ausgelöst werden können und es zu einer Frühgeburt kommen kann. Dieses Risiko erschien mir in meiner persönlichen Nutzen-Schaden-Rechnung zu hoch. Ich hatte ja schließlich keine Beschwerden, nur so ein bisschen Blut im Stuhl. Was sollte daran so schlimm sein? Ich wollte einfach eine ganz normale Schwangerschaft haben und das Kind gesund zur Welt bringen. Über nichts anderes wollte ich mir Gedanken machen. Ich war doch eine junge Frau, eine junge Mutter. So krank konnte ich doch nicht sein, oder? Nach der Entbindung könnte ich die Darmspiegelung ja immer noch machen, dachte ich mir.

Am 29. Januar 2007 wurde unser Sohn Felix geboren. Nach der Geburt ging es mir nicht besonders gut, ich fühlte mich sehr ausgelaugt und erschöpft, was sicherlich auch an meinem niedrigen Hb-Wert von 8 lag.[1] Also verschob ich die Darmspiegelung erst einmal weiter nach hinten. Weil noch ein kurzer Krankenhausaufenthalt mit unserem Sohn nötig wurde, nahm ich erst Anfang Mai endlich die Darmspiegelung in Angriff. Diese wird in der Regel mit einer kurzen Schlafnarkose durchgeführt. Da die Medikamente, die man dabei bekommt, in die Muttermilch übergehen und sie sich somit auch auf Felix ausgewirkt hätten, entschied ich mich, die Spiegelung ohne Narkose machen zu lassen. Ich wollte auf keinen Fall abstillen, denn ich liebte es, zu stillen. Ich genoss einfach die tiefe und innige Verbundenheit zwischen mir und meinem Kind, die Ruhe, die mir das Stillen gab. Für mich war es eine besondere Art, meiner Liebe zu meinen Kindern Ausdruck geben zu können, indem ich ihnen gewissermaßen einen Teil von mir selbst gab.

Deshalb versuchte ich, die Darmspiegelung ohne Schlafnarkose durchführen zu lassen. Das war nicht so einfach. Da bei einer Darmspiegelung Luft in den Darm geleitet wird, ist die Untersuchung ziemlich schmerzhaft. Ich habe sie auch nicht ganz bis zum Ende durchgehalten, aber doch lange genug, dass mein Hausarzt von

1 Der Hb-Wert gibt einen Hinweis, wie viel Hämoglobin (roter Blutfarbstoff) im Blut ist. Das Hämoglobin ist mitverantwortlich für den Sauerstofftransport. Ist der Wert zu niedrig, kommt es zu einer herabgesetzten Sauerstoffversorgung der Zellen, was wiederum zu Müdigkeit, geistiger und körperlicher Leistungsschwäche, Blässe, Schwindel usw. führen kann.

einer auffälligen Stelle in meiner Darmschleimhaut eine Gewebeprobe entnehmen konnte. Damit stellte sich die leider ganz und gar nicht harmlose Ursache für das Blut im Stuhl heraus: ein bösartiger Tumor!

Uff. Diese Diagnose überraschte mich so sehr, dass ich in dem Moment noch nicht einmal etwas fühlen konnte.

Da saß ich nun, 28 Jahre alt, Mutter von zwei Kindern (21 und 3 Monate alt), mit meinem Mann in diesem Arztzimmer. Mein Inneres war wie betäubt. Wie sollte es weitergehen?

Mein Mann und ich waren uns sicher, dass Gott uns durch diese Situation hindurchführen würde. Vielleicht musste dieser Tumor einfach nur entfernt werden und dann wäre alles gut. Schließlich war ich ja noch jung. Gott musste doch das Leben einer jungen Mutter beschützen! Er hatte uns ja gerade erst ein zweites Kind geschenkt.

Also nahmen wir die nun folgenden, mit vielen Terminen gefüllten Wochen in Angriff. Gott hat es so geführt, dass in dem Krankenhaus, in dem ich mich zur Operation vorstellte, ein anderer Patient seinen Termin nicht wahrnehmen konnte. Somit war ein OP-Platz samt allen dazugehörenden Voruntersuchungen einschließlich einer weiteren Darmspiegelung frei und ich konnte diesen Termin sofort wahrnehmen.

Das Abführen vor einer Darmspiegelung ist nicht angenehm! Aber der Darm muss gespült und sauber sein, sonst kann man die Darmschleimhaut nicht richtig beurteilen und nur schwer eine Gewebeprobe von auffälligen Stellen entnehmen. Also trank ich tapfer das ekelhaft schmeckende Abführmittel. Da ich ja immer noch stillte, ließ ich auch diese Spiegelung ohne Narkose durchführen, was ich ohne die sehr nette und engagierte Krankenschwester, die mir zur Seite stand, nicht geschafft hätte. Sie hat mir die ganze Zeit über immer wieder liebevoll die Wangen getätschelt und mich mit Fragen abgelenkt: »Frau Himmelmann, erzählen Sie mal: Wie war das bei der Geburt? Wie heißt noch mal Ihre Tochter?«, und so weiter. Diesmal musste unbedingt als Vorbereitung auf die Operation der gesamte Dickdarm eingesehen werden. Das bedeutete: tapfer durchhalten bis zum Ende, es gibt kein Pardon, da musste ich jetzt durch.

An einem Nachmittag vor der OP saß ich mit meinem Mann in meinem Krankenhauszimmer, als eine nette junge Frau hereinkam und mich über das Leben mit einem Stoma (also einem künstlichen Darmausgang) aufklären wollte. Ich war total entsetzt und dachte nur: *So ein Ding willst du auf gar keinen Fall!* Ich hatte bislang überhaupt nicht in Erwägung gezogen, dass so etwas für mich nötig sein könnte. Wir versicherten der Frau, dass der Professor gesagt habe, er würde mich so operieren, dass ich kontinent[2] bleiben würde.

Der Professor war sehr nett und verständnisvoll. Er erlaubte mir, dass Felix mit mir aufgenommen werden durfte. Das war ein großer Segen für mich, denn ich stillte noch voll und wollte das nicht aufgeben. Glücklicherweise schenkte Gott mir einen Anästhesisten, der selbst wenige Wochen zuvor Vater geworden war und dessen Frau aus voller Überzeugung stillte. Deshalb gestaltete er die Narkose so, dass ich, bis auf wenige Stunden nach der OP, weiterhin stillen konnte. Felix und ich bewohnten ein nettes Zweibettzimmer – allerdings nicht zur Freude jeder Krankenschwester. Die Nachtschwester meinte, dass das Babygeschrei in der Nacht störend für mich und für die Mitpatienten sei, und fragte mich, wie wir uns das mit dem Baby nach der OP gedacht

2 Das bedeutet, dass ich in der Lage sein würde, den Stuhlgang willkürlich zu entleeren.

hätten, da ich da ja nicht in der Lage sein würde, aufzustehen, um mich um mein Baby zu kümmern. Sie hätte ganz und gar keine Zeit, mir zu helfen. Sicherlich hatte sie in allen Punkten recht. Um ehrlich zu sein, hatte ich mir über all das noch gar keine Gedanken gemacht. Ich dachte immer nur an den nächsten Schritt. Alles andere überforderte mich.

Und doch von Gott getragen

Am 24. Mai wurde ich operiert und überstand die OP gut. Tatsächlich konnte der Professor die Operation so durchführen, dass ich die Stuhlentleerung kontrollieren konnte und zu meiner großen Freude und Erleichterung kein Stoma brauchte. Die größten Schwierigkeiten nach der OP hatte ich mit dem selbstständigen Aufstehen und den unzähligen Durchfällen. Aber ich war überglücklich, meinen Sohn weiterhin stillen zu können. Der nette Anästhesist hatte mich mit inhaltsreichen Infusionen versorgt, denn essen konnte ich nur wenig und was drinblieb, wurde durch den Durchfall direkt wieder ausgeschieden. Ich weiß nicht genau, von was Felix in diesen Tagen gelebt hat, aber er war sehr lieb und zufrieden. Meine Mama kam jeden Morgen schon vor 7 Uhr in Krankenhaus und holte ihn aus seinem Bettchen, versorgte ihn und brachte ihn mir zum Stillen ins Bett. Sie blieb dann bei uns und kümmerte sich um alles, bis mein Mann am frühen Nachmittag nach der Arbeit zu uns kam. Marcel machte Felix dann am Abend bettfertig und legte ihn in sein Gitterbett zum Schlafen. Und tatsächlich schlief Felix auch ohne Unterbrechung Nacht für Nacht – bis wir im Juni entlassen wurden. **Ich habe darin eindeutig Gottes Wirken gesehen. Er beschenkte**

mich in seiner großen Güte, denn menschlich gesehen konnte Felix nicht wirklich satt geworden sein. Trotzdem hat er alles so ruhig und zufrieden mitgemacht, als würde es ihm an nichts fehlen. Das war einfach ein Wunder! Mein Kind war auch eine große Motivation für mich, so schnell wie möglich wieder mobil zu werden.

In dieser Krankenhauszeit erlebten wir sehr viele schöne und auch lustige Momente, bei denen wir von Herzen lachen konnten. Hier nur ein Beispiel: Ich hatte ja wie gesagt Durchfälle, die natürlich nicht so gut rochen. Meine Mama machte sich schon Gedanken darüber, ob das für die anderen Patienten und Besucher nicht störend sei, und überlegte, wie wir den Gestank loswerden könnten. Sie lüftete permanent, jedoch leider nur mit mäßigem Erfolg. Als Marcel nachmittags kam, fragte sie ihn: »Und? Riecht man es sehr?« Marcel meinte ausweichend: »Eigentlich kaum.« Mama ging eine Runde mit Felix im Kinderwagen spazieren. Als sie wiederkam, meinte sie, Marcel habe den handfesten Meineid geleistet, denn es stinke bereits, wenn man zur Stationstür hereinkomme! Also besorgte meine Mutter ein Raumspray, mit dem sie nicht gerade sparsam umging. Abends kamen mein Bruder und meine Schwester zu Besuch. Mein Bruder meinte: »Irgendwie schmeckt es hier bitter, wenn man durch den Mund einatmet.« Wir alle haben kräftig gelacht!

Eins steht fest: Bei uns im Krankenzimmer herrschte vielleicht ein mieser Geruch, aber keine miese Stimmung. Uns stand ganz klar vor Augen, was wirklich wichtig ist im Leben, nämlich, dass wir ganz und gar Gott gehören und ihm die Leitung unseres Lebens anvertrauen. Wir dürfen wissen, dass er, der alle Fäden unseres Lebens in seiner Hand hat, uns sehr liebt und alles nach seiner Weisheit lenkt. Gott hat den »Allround-Überblick«!

»O Tiefe des Reichtums, sowohl der Weisheit als auch der Erkenntnis Gottes! Wie unerforschlich sind seine Gerichte und unergründlich seine Wege!« (Römer 11,33)

Dieses Wissen befreit von Lasten, die wir sonst mit uns herumschleppen, und befähigt uns, sogar in Krisenzeiten zu lachen.

Die besondere Stimmung in unserem Krankenhauszimmer blieb nicht unentdeckt. Die Nachtschwester, die zu Beginn ganz und gar nicht begeistert davon gewesen war, dass Felix mit aufgenommen wurde, kam am Ende ihres letzten Dienstes zu mir und wollte sich von mir verabschieden: »Frau Himmelmann, das hier ist mein letzter Nachtdienst, bevor ich längere Zeit frei habe. Ich wollte Ihnen aber unbedingt noch sagen, dass ich in all meinen Dienstjahren noch nie solche Patienten wie Sie und Ihren Sohn hatte. Ihre Gelassenheit und Ruhe sind total erstaunlich. Jeder Nachtdienst in Ihrem Zimmer ist mir wirklich eine Freude gewesen.« Da war ich aber platt!

Am 1. Juni 2007 kam schließlich der ersehnte Tag der Entlassung. Zu Hause angekommen, lud Marcel alles Gepäck aus dem Auto und nachdem er sich vergewissert hatte, dass es Felix und mir gut ging, fuhr er zu meinen Schwiegereltern, um Lena abzuholen, die während meines Krankenhausaufenthaltes bei Oma und Opa geblieben war. Ich saß im Kinderzimmer stillend im Schaukelstuhl und genoss es, wieder zu Hause zu sein. **Dabei empfand ich eine tiefe innere Ruhe, Geborgenheit und Zufriedenheit, weil ich wusste, dass Gott immer bei uns sein würde.** In diesem Moment kam mir eine Begebenheit aus der Schwangerschaft mit Felix in den Sinn. Er lag in der 36. Schwangerschaftswoche in Beckenendlage[3], was Entbindung per Kaiserschnitt bedeuten

3 Das heißt, er lag nicht mit dem Kopf, sondern mit dem Po in meinem Becken.

würde. Lena hatte auch schon per Kaiserschnitt auf die Welt kommen müssen und ich erinnerte mich daran, wie schlecht es mir danach gegangen war und wie langsam sich mein Körper davon erholt hatte. Noch einen Kaiserschnitt wollte ich auf keinen Fall! Ich hatte viel dafür gebetet, dass Felix sich in die richtige Position für eine normale Entbindung drehen würde, auch wenn das in dieser Schwangerschaftswoche nicht sehr wahrscheinlich war. Aber Gott erhörte mein Gebet, und Felix drehte sich wenig später! Und so war ich ganz entspannt in die Geburt gegangen. Trotzdem wurde es ein Kaiserschnitt. Die Ärzte fanden nämlich heraus, dass mein Becken viel zu eng ist und kein Babykopf jemals hindurch passen würde. Also wozu dann die Gebetserhörung, dass mein Kind sich noch rechtzeitig gedreht hatte? Ich war mir sicher: Gott hatte mein Gebet erhört, ganz persönlich für mich, um mich ruhig zu machen für die Geburt und mir die Angst zu nehmen vor einem Kaiserschnitt, obwohl er dann doch nötig wurde. Wie liebevoll von ihm! **Ich denke, Gott tat das, um mir zu zeigen: »Hey, ich achte auf dich. Ich sorge mich um dich. Ich höre deine Gebete. Es gibt nicht ein Gebet, das du sprichst, das ich nicht höre.«**

Dieser Moment im Schaukelstuhl war ein sehr besonderer Moment, der mir tief in Erinnerung geblieben ist. Ich fühlte mich Gott so nah, fühlte mich so sehr geliebt von ihm.

Diese Erfahrungen und der tief empfundene Friede mit der Gewissheit, dass Gott immer bei mir sein würde, waren wie eine Art »Vorschuss«, den Gott mir für die folgenden Monate gab. Diese würden mich nämlich noch oft an meine Grenzen bringen auf eine Art, wie ich das vorher nicht für möglich gehalten hätte.

Die ruhige Erholungsphase zu Hause dauerte leider nicht lange. Am 4. Juni 2007 rief der Professor bei uns zu Hause an und teilte uns mit, dass der histologische Befund[4] doch deutlich schlechter ausgefallen sei als erwartet und eine Chemotherapie und Bestrahlung quasi unumgänglich seien. Da war es wieder, dieses Gefühl der Ohnmacht! Also doch nicht einfach nur: Tumor raus und alles ist gut.

Wieder folgten betriebsame Wochen, angefüllt mit Arztterminen, einer Portanlage[5], Abstillen von Felix (nun leider doch), Besorgungen für die bevorstehenden regelmäßigen Krankenhausaufenthalte und noch so einiges mehr. Da Marcel mich zu den Terminen begleitete, brauchten wir viel Unterstützung bei der Kinderbetreuung. Die bekamen wir von Mama, Schwiegermutter (die damals noch berufstätig war), Schwester, Bruder … Gott hat uns wirklich viele hilfsbereite Menschen zur Seite gestellt.

Am 26. Juni 2007 wurde die erste Chemotherapie durchgeführt. Insgesamt bekam ich zehn Zyklen Chemotherapie. Die ersten beiden Zyklen liefen parallel zur Bestrahlung, deshalb verlangsamte man die Einlaufgeschwindigkeit. Das bedeutete, dass ich zwar in die Klinik fuhr, aber die Chemo lief nicht über wenige Stunden als Infusion ein, sondern wurde mir in Form einer mobilen Infusionspumpe verabreicht und lief dann im Zeitraum von vierzehn Tagen ein. Ich trug diese mobile Pumpe in einer Gürteltasche mit mir herum. Marcel und ich machten abends im Bett Witze über dieses

4 Das Ergebnis der Untersuchung der Gewebeproben des Tumors auf Krebszellen.

5 Ein Port ist ein dauerhafter Zugang von außen in eine Vene. Durch den Port wird verhindert, dass Medikamente, insbesondere Zytostatika, ins Gewebe laufen und dort Nekrosen (abgestorbenes Gewebe) verursachen.

Ding: Nichts konnte zwischen uns stehen oder liegen, außer dieser »Bombe«, wie wir es nannten.

Die erste von insgesamt dreiunddreißig Bestrahlungen bekam ich am 10. Juli (achtundzwanzig Bestrahlungen und fünf Boosts[6] obendrauf). Dies bedeutete dreiunddreißig Fahrten ins Krankenhaus, Morgen für Morgen, außer an den Wochenenden. Ich ergab mich einfach dieser Situation, es blieb mir ja auch nicht viel anderes übrig. Bestrahlung, ambulante Chemo, wieder nach Hause – so sahen meine Tage aus. Leichte Erschöpfung stellte sich ein, hielt sich aber noch im Rahmen.

---

6 Als Boost bezeichnet man eine Dosissteigerung der Bestrahlung im ehemaligen Tumorbereich.

Manchmal kommt es anders als »Mann« denkt – Marcel erzählt

Als frisch vereidigter Beamter auf Lebenszeit kann einem im Leben doch nichts mehr passieren, so denkt der eine oder andere vielleicht. Zugegeben, so ähnlich waren meine Gedanken auch. Ich hatte jetzt ein sicheres Einkommen und der Stress des Referendariats war vorbei. Dazu hatte ich eine tolle Frau und eine wundervolle kleine Familie, die demnächst um eine weitere Person wachsen würde und ab sofort meine ganze Aufmerksamkeit bekommen sollte. Ich wollte das Familienleben in vollen Zügen genießen.

Doch die vor uns liegende Zeit sah definitiv anders aus, denn sie war geprägt von Stress und Herausforderungen, die jede Referendariats- und Staatsprüfungszeit in den Schatten stellen. Es war eine Zeit voller Unwägbarkeiten und Unsicherheiten, in denen es galt, zu funktionieren und den Alltag zwischen Krankenhausbesuchen, Beruf und Kinderversorgung zu meistern. Es war eine Zeit, die von der Ungewissheit geprägt war, ob die eigenen Kräfte ausreichen, wo die Reise hingehen und wann sie enden würde, oder was der nächste Tag oder die nächste Woche mit sich bringen würden. Es ist ein Glück, dass uns Menschen der Blick in die Zukunft verwehrt ist und dass wir immer nur den nächsten Schritt sehen! Dieser nächste Schritt war Herausforderung genug, weil er alle Kraft erforderte und einforderte.

Wie tröstlich war es für uns, zu wissen, dass wir diesen Weg nicht allein gehen müssen, auch wenn jedes Familienmitglied in gewisser Weise die Situation allein verarbeiten musste. Wenn ich zurückdenke an die vielen Stunden, die meine Frau allein im Krankenhaus war, welche niederschmetternden Diagnosen sie allein im Arztgespräch bewältigen musste, wie viele Stunden Lena ohne uns Eltern bei Oma und Opa sein musste ... Ich kann mich heute noch an ihre Worte erinnern, als sie mich fragte: »Papa, wo gehst du hin?«, wenn ich mich verabschiedete, um Stephanie im Krankenhaus zu besuchen. Ihr Jammern: »Papa soll nicht gehen«, höre ich noch heute, wenn ich die Flurtreppe im Haus meiner Eltern heruntergehe. Sie schaute mich mit ihren blauen Augen an, als würde sie fragen, warum ich sie schon wieder allein bei Oma und Opa zurückließ. Obwohl ich wusste, dass meine Tochter wohlbehütet und bei meinen Eltern rundum versorgt war, war dies nicht die Art von väterlicher Fürsorge, die ich mir gewünscht hatte. Und doch gab es in diesen Lebensumständen keine andere Möglichkeit.

Unser Familienleben war geprägt von Situationen, in der jedes Familienmitglied mit der Herausforderung konfrontiert war, seinen ganz eigenen Weg gehen zu müssen. Diese individuellen Herausforderungen haben uns als Familie, aber auch als einzelnes Individuum wachsen lassen und uns stark gemacht im Hinblick auf unser Vertrauen auf Gott. Auf einen Gott, der vertrauenswürdig ist, der uns in jeder Lebenslage nahe ist, der uns in tiefster Trauer und Hoffnungslosigkeit tröstet und uns Hoffnung schenkt, und der uns in Kraftlosigkeit neue Kraft gibt. Er hat uns durch diese schwere Zeit getragen. Er ist der Gott, der alle Macht hat, und dem nichts unmöglich ist. Ihm haben wir unser Leben anvertraut und er hat uns ewige Gemeinschaft mit sich selbst über den Tod hinaus versprochen. Welche außergewöhnlichen Wege er unsere Familie geführt hat und wie er uns durch diese Zeit getragen und umsorgt hat, werden die folgenden Seiten zeigen.

Im Tal des Todesschattens

Dann kam der 18. Juli, der Tag, an dem Felix einmal ins Krankenhaus musste. Das war eigentlich kein Problem, denn wir hatten alles gut organisiert. Marcel hatte gerade Sommerferien und konnte mit Felix im Krankenhaus bleiben. Meine Mama kam schon früh am Morgen, es war mein 29. Geburtstag. Sie wollte den Vormittag mit Lena verbringen, am Nachmittag wollten wir ein wenig Geburtstag feiern und auch über Nacht wollte sie bei mir bleiben, falls Lena etwas brauchte. Marcel ging mit Felix ins Krankenhaus, und ich fuhr zur täglichen Bestrahlung in die Klinik. Als ich am frühen Nachmittag heimkam, stand ein Krankenwagen vor unserem Wohnhaus. Ich dachte sofort an den älteren Herrn, der mit seiner Frau in der Wohnung über uns wohnte. Er hatte kürzlich einen Herzinfarkt erlitten und ich dachte, dass es ihm wahrscheinlich nicht gut ging. Als ich aus dem Taxi stieg, sah ich aber, dass die Person auf der Liege meine Mama war und meine Schwester mit Lena auf dem Arm an der Haustür stand. Ihr Gesicht wirkte angespannt, auch wenn sie versuchte, zu lächeln und keine Panik zu verbreiten.

Vom Rest des Tages weiß ich nicht mehr viel, außer, dass meine Schwiegereltern kamen und meine Schwester und ich ins

Krankenhaus fuhren. Dort konnte man uns aber nicht viel sagen. Die Ursache für die Beschwerden und starken Schmerzen unserer Mutter war bislang nicht gefunden worden. Alle Untersuchungen waren unauffällig und so fuhren wir unverrichteter Dinge wieder nach Hause. Ich war müde und erschöpft. Ich wollte mit meinem Mann telefonieren. Ich wollte in Ruhe mit Gott reden, denn ich hatte das Gefühl, dass mir dieses »Päckchen« langsam zu schwer wurde. Meine Schwester sagte, sie würde heute Nacht bei mir bleiben und auch am nächsten Morgen, wenn ich wieder zur Bestrahlung fuhr, auf Lena aufpassen. So schlief ich in dieser Nacht trotz aller Aufregung doch recht gut, bis am frühen Morgen – so gegen 5 Uhr – das Telefon klingelte. Mein erster Gedanke war: *Ein so früher Anruf bedeutet sicher nichts Gutes.*

Meine Schwester, die ans Telefon gegangen war, sagte kaum ein Wort. Ein paar Minuten später saß sie bei mir am Bett und erzählte mir alles: Der Anruf war vom Krankenhaus gewesen. Unsere Mutter sei aus unerklärlichen Gründen in dieser Nacht gestorben.

Uff. Und wieder konnte ich in diesem Moment nichts fühlen, war wie in weiche Watte gepackt, konnte die Neuigkeit gar nicht einordnen. Ich dachte: *Stopp! Vater im Himmel, das wird mir zu viel! Du musst die ganze Welt anhalten, bis ich so weit bin und das alles verarbeitet habe.* Aber Gott hielt die Welt nicht an. Grausam? Nein, ein sehr gnadenvolles Geschenk. Die Zeit lief weiter, Minute für Minute, Stunde für Stunde. Gott hat viele, viele helfende Menschen geschickt. Ich weiß noch, wie meine Schwester sagte: »Steffi, das schaffen wir nicht allein. Wir brauchen jetzt und hier Hilfe.« Und kurz darauf stand Antje, eine Freundin aus unserer Gemeinde, bei uns vor der Tür. Auch mein Bruder kam und meine Schwiegermutter, die eigentlich Frühschicht hatte. Und ich? Ich fuhr wie jeden Tag zur Bestrahlung. Ich tat alles mechanisch und vergoss keine Träne, konnte nicht weinen. Als ich mittags im Bett lag, um mich ein wenig auszuruhen, kam meine Schwiegermama zu mir ins Schlafzimmer und sagte mir den Vers aus Römer 8,28: »Wir wissen aber, dass denen, die Gott lieben, alle Dinge zum Guten mitwirken, denen, die nach Vorsatz berufen sind.« Sie sagte dazu: »Mein liebes Kind, ich weiß auch nicht, wozu diese Situation gut ist, aber dass Gottes Wort die Wahrheit ist, daran wollen wir festhalten und fest darauf vertrauen.«

Und im Vertrauen auf diesen himmlischen Vater stand ich an diesem Nachmittag und noch viele andere Male aus dem Bett auf. Seitdem versuche ich, in allen Lebensumständen, in die Gott mich führt, nach dem Guten zu suchen, sie zumindest nicht per se als schlecht abzutun. Nicht immer entdecke ich das Gute, aber trotzdem ändert sich etwas, wenn wir unseren Blickwinkel auf die Geschehnisse verändern. Traue ich Gott zu, dass er alles überschaut? Traue ich ihm zu, dass er weiß, was ich brauche? Vertraue ich ihm, dass er es gut mit mir meint und weiß, was er tut?

»Denn ich weiß ja die Gedanken, die ich über euch denke, spricht der HERR, Gedanken des Friedens und nicht zum Unglück, um euch Ausgang und Hoffnung zu gewähren.« (Jeremia 29,11)

Meine Schwester hat einmal zu mir gesagt: »Steffi, im Annehmen liegt Frieden.« Das sagt sich leichter, als es sich lebt. Aber es stimmt! Sie hat absolut recht. Im Annehmen liegt Frieden. Und ich habe gemerkt, dass Gott selbst derjenige ist, der es uns ermöglicht, Situationen aus seiner Hand anzunehmen und dass er selbst den Frieden schenkt. Genau das haben wir erlebt: Ruhe und Frieden mitten im heftigsten Sturm – und das nicht nur einmal!

Ruhe im Sturm

»… und der Friede Gottes, der allen Verstand übersteigt, wird eure Herzen und euren Sinn bewahren in Christus Jesus.« (Philipper 4,7)

Wir bekamen sehr viel Hilfe. Die Frauen aus unserer Gemeinde haben für uns gekocht, nicht nur für einen Tag, sondern die ganzen nächsten Wochen! Pünktlich zur Mittagszeit erreichte uns ein warmes Essen, und immer, wenn wir eine der lieben Damen sahen, hatte sie ein nettes und tröstendes Wort für uns.

Mein Hausarzt kam vorbei, um ein paar praktische Tipps bezüglich der Beerdigungsvorbereitungen zu geben und mir noch einmal ins Gewissen zu reden, die Therapie auf keinen Fall zu unterbrechen. Mein Mann durfte mit unserem Sohn aufgrund der besonderen Umstände früher entlassen werden. Am frühen Abend saßen wir zusammen und planten die Beerdigung. Meine Schwester hatte inzwischen auch unsere Verwandten in Süddeutschland verständigt und eine meiner Tanten bot sich spontan an, freizunehmen und zu uns zu kommen, um uns in den nächsten Wochen ganz praktisch zu unterstützen. Das war sehr wertvoll, denn sie half nicht nur tatkräftig, sondern lockerte auch die Stimmung auf.

Zur Beerdigung meiner Mama kamen sehr viele Menschen. Sie wollten uns zeigen, dass sie mit uns trauerten, aber ich war an diesem Tag wie ferngesteuert. Ich funktionierte, konnte aber nach wie vor keine Träne vergießen. Ich saß da, war anwesend, aber irgendwie doch nicht. Die Ärzte der Chemotherapie hatten mir davon abgeraten, zur Beerdigung zu gehen, da mein Immunsystem ziemlich geschwächt war und ich Ansammlungen von vielen Menschen meiden sollte. Nun saß ich doch dabei, trug einen Mundschutz und versuchte, niemandem zu nahe zu kommen. Es war furchtbar!

Das alles war in den Sommerferien passiert, in denen Marcel zu Hause war, aber wie sollte es danach weitergehen? Irgendwann musste er ja wieder arbeiten.

Eine Frau aus unserer Gemeinde, Cornelia, rief an und meinte, dass sie gehört habe, was bei uns gerade alles so los sei. Sie wollte uns gerne helfen und könnte, wenn Marcel wieder zur Arbeit müsse, kommen und nach den Kindern schauen. Das nahmen wir dankbar als ein wertvolles Geschenk aus Gottes Hand an. Welch ein Segen für uns und die Kinder!

Und so stellte sich, so merkwürdig sich das auch anhört, ein gewisses Maß an Routine ein. Die Situation war schwer, keine Frage, aber nicht erdrückend, da Gott selbst tragen half. Das merkten wir an allen Ecken. Es gab Momente, in denen wir mit unserer Tante, die sich spontan freigenommen hatte, sogar herzhaft lachen konnten.

Ich fuhr weiterhin täglich zur Bestrahlung, und die Chemo lief ja noch über die mobile Pumpe, die ich stets an mir trug. Je weiter Chemo und Bestrahlung fortschritten, desto schwerer fiel mir das Essen und Verdauen. Ich weiß noch ganz genau, dass ich am Abend nach der Beerdigung entsetzlichen Durchfall hatte. Ich dachte zuerst, es hätte am Essen gelegen, aber schon bald wurde mir bewusst, dass Durchfall eine typische Nebenwirkung der Bestrahlung des Darms ist. Man kann sich das in etwa so vorstellen wie einen extremen Sonnenbrand, der durch die Strahlen auf der Darmschleimhaut im Inneren des Darms verursacht wird. Über diese Nebenwirkung hatte man mich zwar ausführlich aufgeklärt, aber in der Vorstellung sind die Dinge selten so wie in der Realität. Die Anzahl der Durchfälle steigerte sich bis auf sechzig pro Tag. Entsprechend ausgelaugt fühlte ich mich. Ich wurde zunehmend schwächer und bekam im Krankenhaus aufbauende Infusionen. Mein Alltag sah ungefähr so aus: Krankenhaus, Toilettenbesuch, Taxifahrt mit Unterbrechung (wegen Durchfall), zu Hause ankommen, Toilettenbesuch, Bett, Toilettenbesuch.

Meine Schwester hatte mir im Mai, kurz nachdem wir die Diagnose bekommen hatten, eine Karte mit einem Bibelvers geschrieben:

> »Alle, die auf den Herrn vertrauen,
> bekommen immer wieder neue Kraft.«
> (nach Jesaja 40,31)

Ich stellte mir dieses Bild damals in einem Bilderrahmen auf und jedes Mal, wenn ich das Wohnzimmer betrat, schaute ich darauf und las den Vers. Genau das brauchte ich: Kraft für jeden neuen Tag. Ich fühlte mich nämlich vollkommen am Ende, müde und entkräftet. Wieder einmal hatte ich es in der Nacht nicht rechtzeitig zur Toilette geschafft und stand frierend im Bad, um mich zu waschen, ein Blick an mir hinunter zeigte mir einerseits einen ziemlich ausgemergelten Körper (ich hatte bis dato rund 10 kg verloren) und andererseits einen aufgedunsenen, dicken Bauch. Alles in allem kein schöner Anblick. Ich dachte: *Vater im Himmel, siehst du mich? Siehst du, was du hier mit mir machst?* Und dies nur so wenige Wochen, nachdem ich im Schaukelstuhl gesessen hatte und so überzeugt gewesen war, dass er immer bei mir sein würde! Die extreme Erschöpfung und Müdigkeit ließen mich Gottes gute Absichten infrage stellen. Im Laufe der Zeit habe ich gelernt, dass es viel besser ist, besonders in extremen Situationen, an Wahrheiten über Gott festzuhalten, anstatt auf die eigenen Gefühle und Empfindungen zu vertrauen. Aber damals war ich noch nicht so weit und so warf mich diese Nacht ganz schön aus der Bahn. Ich war drauf und dran, die ganze Sache mit der Bestrahlung und Chemo abzubrechen.

Doch da hatte mein lieber Mann die wunderbare Idee, überall in unserer Wohnung in Sichthöhe Fotos von unseren Kindern aufzuhängen. Wenn ich nun nachts bei einem der vielen Durchfälle auf der Toilette saß, lachten mich Lena und Felix auf Augenhöhe an. Auf dem Foto stand: »Mama, wir haben dich lieb.« Der Gedanke an die Kinder gab mir in diesem Moment die Kraft, weiterzumachen.

Ich weiß nicht genau, wie viele Bestrahlungen danach noch kamen, aber irgendwie sind wir durch diese Zeit gekommen. Gott hat uns durchgetragen. Gott hat mir Kraft gegeben und mich nicht verzweifeln lassen, obwohl ich schon sehr gezweifelt habe. Die Durchfälle hörten nicht auf, und ich fand keinen erholsamen Schlaf, obwohl nicht nur ich im Gebet darum flehte. Manchmal konnte ich nicht einmal mehr beten. Ich hatte Gott nichts zu sagen. Ich hatte ihn darum gebeten, die Durchfälle aufhören zu lassen und er hatte es nicht getan. Ich war enttäuscht. Warum wollte er meine Gebete nicht erhören? Hörte er mich überhaupt? Diese Fragen kamen nur wenige Wochen, nachdem ich mir so sicher gewesen war, dass er jedes meiner Gebete hören und sich um mich sorgen würde! Wie gut ist es, in solchen Situationen einen Mann zu haben, der einen bei der Hand nimmt und sagt: »Komm, Mausi, ich bete für uns beide.« Seine Gebete waren so vertrauensvoll. Er legte mich und uns als ganze Familie in Gottes gute Hände. Er hatte so eine feste Gewissheit, dass es keinen besseren Ort im ganzen Universum für uns geben könne, als in Gottes Händen, dass seine Zuversicht mich mitzog und ich wieder einen anderen Blick auf Gott bekam.

Als für Marcel am 18. August die Schule wieder losging, kam wie versprochen Cornelia zu uns. Sie erschien pünktlich morgens um 7:15 Uhr, wenn Marcel die Wohnung verließ, und wenn Lena und Felix zum Mittagsschlaf in ihren Betten lagen, ging sie nach Hause. Tag für Tag. Von August bis Dezember. Sie spielte und bastelte mit den Kindern, machte Spaziergänge, las Bücher vor und wenn ich aufgestanden war, war sie immer für ein aufbauendes Gespräch bereit. Ihre zuverlässige Gesellschaft hatte etwas sehr Beruhigendes für mich und die Kinder.

Getragen von ihm

So verging ein Tag nach dem anderen. Manche Tage waren gut, an anderen ging fast gar nichts. Die extrem häufigen Durchfälle ließen ein paar Wochen nach dem Ende der Bestrahlung nach, dafür rückte die generelle Erschöpfung durch die Chemotherapie in den Vordergrund. Manchmal war ich zu schwach, um in der Bibel zu lesen, auch zu schwach zum Beten. Wie gut, dass Marcel dann für uns betete! Er besorgte mir außerdem jede Menge CDs mit Predigten und Andachten, die ich mir anhören konnte. Wenn Cornelia mit den Kindern draußen unterwegs war, legte ich mich aufs Sofa und hörte mir diese CDs an. Gott hat mich sehr getröstet durch sein Wort. Außerdem war es ein Geschenk, dass ich jeden Sonntagmorgen genug Kraft hatte, um zum Gottesdienst gehen zu können. Das bedeutete viel Arbeit für meinen Mann, denn er hatte alles rundherum zu organisieren und das, obwohl meine nächtlichen Durchfälle ja auch ihn wachhielten. Aber der Gemeindebesuch gab uns als Familie Kraft und sehr oft hatte ich den Eindruck, die Predigt sei nur für mich gehalten worden.

Einmal ging es in einem Gottesdienst um den Vers aus Psalm 23,4:

»Auch wenn ich wanderte im Tal des Todesschattens,
fürchte ich nichts Übles, denn du bist bei mir;
dein Stecken und dein Stab, sie trösten mich.«

Genauso fühlte ich mich: mitten im Tal des Todesschattens! Doch Gott war bei mir und hatte immer wieder Trost für mich bereit. Total erstaunlich und eigentlich unglaublich, aber Gott hat unbegrenzte Möglichkeiten! Schatten können zwar bedrohlich aussehen und uns erschrecken, aber ein Schatten kann uns nichts anhaben. Der Schatten eines Hundes mag gefährlich wirken, aber er wird uns nicht beißen. Ein Schatten kann das nicht. So wandern wir vielleicht gerade durch ein Tal, das schreckliche und gefährliche Schatten wirft, aber diese können uns nicht schaden. Was für ein Trost!

Auch die Zeit der Chemotherapie hatte irgendwann ein Ende: Endlich kam der ersehnte 6. Dezember, der Tag der letzten Chemo. Wir freuten uns als Familie sehr, dieses Kapitel unseres Lebens hinter uns lassen zu können, waren aber zugleich auch dankbar für alles, was wir erlebt hatten.

Im Rückblick auf das Jahr 2007 wurde es uns so deutlich, dass wir wirklich dankbar waren für das **ganze** Jahr und **jedes** Erlebnis mit Gott. **Denn so eine innige Gemeinschaft mit Gott, wie wir sie erleben durften, erleben wir selten in den Hochphasen unseres Lebens, sondern dann, wenn es uns schlecht geht und wir auf ihn angewiesen sind.**

Wir waren uns einig, dass wir dieses Jahr auf keinen Fall missen wollten. Es war auch nicht immer nur schwer. Wir hatten sehr viele, sehr schöne Dinge erlebt. Daran erinnerten wir uns auch am Ende dieses Jahres.

Ein Beispiel: An einem Nachmittag – ich lag im Bett und ruhte mich aus (wie so oft) – hörte ich Marcel in der Küche beim Abwaschen. Er bespaßte nebenher Felix, der neben ihm lag, und Lena, der langweilig war.

»Frag mal die Mama, wie es ihr geht«, gab er ihr als Auftrag.

Kurz drauf erschien Lena bei mir im Schlafzimmer und fragte mich in ihrer kindlichen Sprache: »Mama dut?«

Ich antwortete: »Ja, Mama geht es gut.«

Da nahm sie meine Hausschuhe, warf sie mir aufs Bett und rief: »Mama auf!«

Was blieb mir anderes übrig als aufzustehen und mit ihr spielen zu gehen? Das gemeinsame Spielen tat uns beiden gut.

Ein anderes Mal kam ich ins Wohnzimmer und Felix lag in der Mitte der aufgebauten Holzeisenbahn, die rund um ihn herum im Kreis fuhr. Er wollte das Ganze beobachten und drehte sich, entsprechende Eisenbahngeräusche von sich gebend, wie ein Kreisel auf dem Bauch, um der Lok hinterherzuschauen. Wie lustig das aussah, und wie dankbar war ich für diesen Jungen!

Wenn mir jemand zu Beginn des Jahres gesagt hätte, was alles auf uns zukommen würde, hätte ich gesagt, dass ich das nicht durchstehen würde, weil ich dafür viel zu schwach sei. Und so ist es auch. Ich bin klein und schwach, aber Gott ist es, der stark ist und uns stärkt und, wenn nötig, trägt.

Vielleicht kennst Du die Geschichte von den Fußspuren im Sand. Am Ende des Lebens blickt ein Mensch zurück uns sieht zwei Spuren im Sand: seine eigene und die Spur Gottes. Doch bei manchen Abschnitten, gerade in den schwierigen Phasen seines Lebens, sieht er nur eine einzige Spur. Er fragt Gott, warum er ihn ausgerechnet dann alleingelassen hat, als er ihn am meisten brauchte. Doch Gott antwortet: »Du warst nicht allein, ich habe dich getragen.«

Es ist wirklich so: Immer dann, wenn Gott uns getragen hat, sehen wir nur eine Fußspur im Sand. So fühlte ich mich auch nach diesem Jahr: Ich sah nur eine Fußspur im Sand. Denn er hatte mich getragen.

Der Dreck muss weg

Wir starteten in ein sehr schönes Jahr 2008. Langsam kam ich wieder zu Kräften. Ich war so glücklich und es machte mir viel Freude, unseren Haushalt wieder selbst zu führen. Glaub mir, wenn Du so viel Zeit im Bett verbracht hast, weil Du einfach zu schwach für alles warst, dann macht auch Putzen, Wäschewaschen und Bügeln wieder Spaß! Ich genoss es sehr, viel Zeit mit meinen Kindern zu verbringen. Wann immer es ging, waren wir zusammen unterwegs – nachmittags auf dem Spielplatz, beim Kinderturnen oder in der Krabbelgruppe. Vormittags versuchte ich, die Balance zwischen Spielen mit den beiden und Hausarbeit hinzubekommen.

Im März wurde das erste Mal mein Darm geweitet. Die Nahtstelle, die durch die Tumorentfernung entstanden war, hatte sich wie ein Ring immer enger zusammengezogen, was mir einige Probleme verursachte. Ich bekam ein unangenehmes Druckgefühl und kolikartige Bauchkrämpfe. Doch durch die Weitung verspürte ich eine deutliche Erleichterung und konnte viel unbeschwerter sein.

Nach so einer Therapie rutscht man in ein so genanntes »Nachsorgeprogramm«. Dazu gehören regelmäßige Blutentnahmen,

Portspülungen[7], Röntgenaufnahmen, allgemeine körperliche Untersuchungen usw. Man verbringt also viel Zeit in Arztpraxen und Wartezimmern. Alles, was ich bei meinem Hausarzt machen konnte, erledigte ich dort gemeinsam mit Lena und Felix. Sie fühlten sich schon richtig heimisch in der Praxis. Mein Hausarzt und auch die Arzthelferinnen waren immer sehr nett zu den beiden. So kam es einmal zu der folgenden lustigen Situation: Wir waren zu Fuß in die Praxis gelaufen und während ich den Kinderwagen parkte, ging Lena mit ihren knappen drei Jahren zur Anmeldung, über die sie kaum drüber schauen konnte, und sagte total routiniert: »Guten Morgen, wir kommen zum Portspülen.« Dieses selbstverständliche Auftreten brachte alle Umstehenden zum Lachen.

Der Alltag zog bei uns ein, und wir erlebten wieder das ganz normale Leben einer Familie mit zwei Kindern. Marcel hatte wieder Zeit, sich mehr in der Jugendarbeit unserer Gemeinde zu engagieren. Mein Herz war Gott gegenüber so voller Dank, dass ich auch gerne mit den anderen Frauen aus der Gemeinde zusammen Gott danken wollte. So begannen wir im Juni 2008 unseren monatlichen Frauen-Gebetskreis. Es ist wirklich schön, sich auszutauschen und miteinander zu beten. Zu Beginn des Abends lesen wir in der Regel gemeinsam einen Abschnitt aus der Bibel. Manchmal stellt eine von uns Frauen eine Biografie oder eine Geschichte vor, die sie persönlich beeindruckt hat und worüber wir uns anschließend austauschen.

An einem solchen Montagabend hat Elli uns die alte Geschichte vom Bildhauer Meister Schmitt mitgebracht und vorgelesen. Ich gebe sie hier gekürzt und ans heutige Deutsch angepasst wieder:

---

7 Da in dem Port Blut ist, muss er regelmäßig gespült werden, damit das Blut nicht gerinnt.

»Als ich einmal an einer Werkstatt vorbeikam, wurde ein ziemlich großer Marmorblock abgeladen. Ich blieb stehen und fragte den Bildhauer: ›Was wollen Sie denn mit diesem Steinblock machen, Meister Schmitt?‹

Er antwortete: ›Da sitzt eine Germania[8] drin, nur der Dreck muss noch weg!‹ Mit seinem Künstlerauge sah er schon in dem Stein die schöne Frauengestalt, er musste nur das überschüssige Gestein abschlagen, dann würde die Germania erscheinen.

Und tatsächlich: Sie saß in der Tat in dem Stein! Nach etlichen Tagen sah man nämlich schon, dass eine Gestalt in plumpen Umrissen herauskam. Nach weiteren Tagen erkannte man eine weibliche Gestalt – richtig, eine Germania kam aus dem Stein heraus.

›Nun sind Sie wahrscheinlich fertig, oder?‹, fragte ich den Meister Schmitt. Er aber lachte und sagte: ›Nein, jetzt fängt die Arbeit erst richtig an!‹ Er legte den Meißel weg und nahm einen Kamm mit eisernen Zähnen zur Hand. ›Jetzt kommen die Feinheiten dran‹, sagte er.

Die Worte dieses Bildhauers sind mir nahegegangen, ich habe sie nicht vergessen. Sind wir nicht auch so ein ungefügiger Block, in dem ein Bild steckt? Es ist das Bild Jesu, der in unserem Leben Gestalt gewinnen soll. Nur: ›Der Dreck muss weg!‹ Das ganze sündige, egoistische Wesen muss heruntergeschlagen werden. Deshalb nimmt der Herr den Meißel der Trübsal und Leiden, um uns von diesem ›Dreck‹ zu befreien.

Eines Tages, als ich wieder einmal dem Bildhauer zusah, fragte ich ihn: ›Was machen Sie, wenn Sie etwas zu fest geschlagen haben und ein zu großes Stück abgebrochen ist?‹ Ich wollte wissen, ob dann die ganze Arbeit umsonst gewesen sei. Da schob der

---

8 Eine langhaarige, hübsche Frau, die als Personifikation Deutschlands gesehen wurde.

alte Mann seine kurze Pfeife in den anderen Mundwinkel und versicherte mir: ›Das kommt nicht vor.‹ Ich ließ mich aber nicht so schnell abweisen. Ich wiederholte meine Frage, bekam aber dieselbe Antwort: ›Das kommt nicht vor!‹ Als ich ihn zum dritten Mal fragte, wurde der Bildhauer beinahe unwillig und sagte: ›Wie oft soll ich's Ihnen denn sagen? Das kommt nicht vor!‹

Das war mir eine Predigt fürs ganze Leben! Ob so ein Versehen bei Meister Schmitt wirklich niemals vorgekommen ist, das weiß ich nicht. Aber das weiß ich: Bei unserem Gott kommt es nicht vor! Er kann jedem Schlag seines Meißels so viel oder so wenig Kraft geben, wie es gerade nötig ist. Er schlägt nichts herunter, was nicht in den Abfall gehört.

Wir haben alle schon gedacht: ›Er macht es doch zu arg! So ein Unglück nach dem andern – das ist doch zu viel!‹ Aber Meister Schmitt hat recht: ›Das kommt nicht vor!‹ Gott macht keine Fehler in unserer Führung.

Mir sind diese beiden Worte vom Meister Schmitt zum Segen fürs ganze Leben geworden. Ich möchte sie weitergeben, damit sie dir auch Segen bringen. Diese Worte heißen: ***›Da sitzt eine Germania drin, bloß der Dreck muss weg!‹***

Auch in uns steckt das Bild das Lammes Jesus Christus[9], nur das, was dieses Bild noch nicht zur Erscheinung kommen lässt, das muss weg.

›Das kommt nicht vor!‹

Es kommt nicht vor, dass Gott in seiner Führung einen Fehler macht. Sei deshalb ganz getröstet! Lass ab von deiner Furcht!

9 »Bild des Lammes«: In der Bibel wird uns Jesus Christus als das Lamm Gottes (Joh 1,29) vorgestellt und uns der Auftrag gegeben, ihm immer ähnlicher zu werden.

Überlass dich ganz ruhig dem Herrn, denn Er wird es gut machen. Dass Er sich irrt, das kommt nicht vor!«[10]

Für mein Leben war diese Geschichte ein riesiger Trost: Gott macht keine Fehler! Wir können nicht immer verstehen, was Gott mit uns vorhat, aber wir dürfen immer wissen, dass er »die Germania« aus uns herausholen will.

10 Nacherzählt nach Ernst Modersohn: *Aus meiner Hausapotheke* (Steinhagen: Samenkorn 2011), S. 16-19.

Rückschlag mit Ausblick

Im Laufe der Kontrollen kam durch meinen steigenden Tumormarker-Wert im Blut der Verdacht auf, dass ich eine Metastase[11] hatte. Auf das Bestreben meines Hausarztes hin, der bei einigen anderen Ärzten Überzeugungsarbeit leisten musste, wurden verschiedene Untersuchungen gemacht. Im Juni 2009 hatte ich es schwarz auf weiß: Im rechten Lungenflügel wurde im PET-CT[12] eine Metastase entdeckt. Auch dieses Mal konnte ich im ersten Moment gar nichts fühlen. Ich hatte so gehofft, dass ich das Thema Krebs hinter mir gelassen hätte! Ging nun alles wieder von vorne los? Ich wollte mich nicht mit diesen komplizierten Gedanken auseinandersetzen, also verdrängte ich alle Gefühle zunächst.

Genau zu dieser Zeit hatte unsere Nachbarin, die über uns wohnte, auch Lungenmetastasen und laut der Aussage ihrer Ärzte nur noch wenige Wochen zu leben. Sie hatte schon einige Jahrzehnte zuvor an

---

11 Tochtergeschwulst eines bösartigen Tumors, welches sich an einer anderen, vom Ursprungsort entfernten Körperstelle bildet.

12 Bei einem PET-CT werden mithilfe radioaktiver Substanz und Traubenzucker Stoffwechselvorgänge im Körper sichtbar gemacht. Da Tumorzellen sich schneller teilen als andere Zellen, sind sie deutlich von anderem Gewebe zu unterscheiden.

Darmkrebs gelitten und eine anstrengende Therapie über sich ergehen lassen müssen. Wir hatten uns gerade im vergangenen Jahr häufig unterhalten und sie hatte mir immer wieder Mut gemacht, nicht aufzugeben. Jetzt lag ich mit diesem Wissen im Bett unter ihrem Schlafzimmer und hörte nachts ihren furchtbaren Husten. Man hatte den Eindruck, sie würde fast daran ersticken oder ihre Lunge käme gleich mit heraus. An Schlaf war für mich nicht mehr zu denken. Ich lag in meinem Bett und dachte die ganze Zeit: *Das macht Gott, um dir zu zeigen, wie es werden wird. Genau so wird es dir sicher auch bald gehen.* Nun begann ich langsam Angst zu bekommen.

Es dauerte nur noch ein paar Tage, dann kam nachts der Krankenwagen und unsere Nachbarin wurde ins Krankenhaus gebracht. Kurze Zeit später verstarb sie. Mir schossen viele Fragen durch den Kopf: *Was wird aus Marcel und den Kindern, wenn ich nicht mehr da bin? Was wird, wenn ich nicht mehr da bin, um bei den Hausaufgaben zu helfen, oder um aufgeschlagene Knie zu versorgen? Was, wenn …? Wenn … wenn …? Aber bin ich denn überhaupt so wichtig?* Ich hatte das Gefühl, mir würde der Boden unter den Füßen wegrutschen. Trotz allem merkte ich, dass ich nur so weit den Halt verlor, bis Gott mich wieder spüren ließ, wie er mich als liebevoller Vater festhielt. Er zeigte mir beim täglichen Bibellesen, dass er selbst da war. Zum Beispiel las ich den Vers aus Jesaja 41,10:

»… fürchte dich nicht, denn ich bin mit dir;
schau nicht ängstlich umher, denn ich bin dein Gott;
ich stärke dich, ja, ich helfe dir,
ja, ich stütze dich mit der Rechten meiner Gerechtigkeit.«

Jetzt hatten wir schon so viel erlebt und ich hatte auch einiges darüber gelernt, wie Gott ist und wie er hilft. Das sollte doch eigentlich reichen. Aber nein, es reichte nicht. Natürlich nicht; wir können nie genug darüber lernen, wie Gott ist. Er ist unergründlich. Und ich bekam die Gelegenheit, noch viel mehr von ihm und über ihn zu lernen. Vor allem lernte ich immer mehr, Gott in allen Dingen zu vertrauen.

Auch diesmal schrieb mir meine Schwester einen Bibelvers auf eine Karte, die ich in einen Bilderrahmen steckte. Den Vers hatte ich in meiner Bibel kurz zuvor auch schon gelesen:

»Denn ich weiß ja die Gedanken,
die ich über euch denke, spricht der HERR,
Gedanken des Friedens und nicht zum Unglück,
um euch Ausgang und Hoffnung zu gewähren.«
(Jeremia 29,11)

Es wurde uns empfohlen, die Metastase operativ entfernen zu lassen. Gott schenkte uns einen wunderbaren Arzt, der uns sehr gut beriet und sich viel Zeit nahm, um uns sein Vorgehen zu erklären. Er gab mir Raum, alle meine Fragen zu stellen und Bedenken zu äußern. Wir hatten uns in einem anderen Krankenhaus eine Zweitmeinung eingeholt und waren dadurch ein wenig verunsichert und verwirrt. Aber er erklärte uns anhand der eindeutigen Befunde nochmals, weshalb er sich für das beschriebene Vorgehen entschieden hatte und es für das Beste in der momentanen Situation hielt. So entschieden wir uns für die Operation.

Zum unglaublichen Erstaunen aller hat Gott mich diese Operation mehr als gut überstehen lassen. Ich wurde am 30. Juli

2009 operiert und am 9. August 2009 war ich schon wieder so fit, dass wir Lenas vierten Geburtstag feiern konnten! Alles wäre so schön gewesen, wenn nicht dieses eine Gespräch gewesen wäre. Ein Arzt, den ich vorher noch nie gesehen hatte, kam nämlich kurz vor meiner Entlassung ins Krankenhauszimmer und führte ein sehr kurzes Gespräch mit mir: »Guten Tag, Frau Himmelmann. Nach dieser Lungenmetastase stehen ihre Chancen auf vollständige Heilung sehr schlecht; nach dem heutigen Wissensstand der Medizin nahezu gleich Null. Ihre Überlebenswahrscheinlichkeit der nächsten zwei bis drei Jahre liegt ohne erneute Chemotherapie bei 20–30 % und mit Chemotherapie bei 30–40 %.« So schnell, wie er gekommen war, so schnell war er auch wieder fort. Da saß ich nun total perplex und vollkommen eingeholt von menschlichen Gedanken und Angst. Ein paar Tage zuvor hatte ich noch zu meinem Hausarzt gesagt: »Aber Gott kann mehr.« Jetzt rief ich mir diesen Satz ins Gedächtnis und versuchte, mich selbst daran festzuklammern.

Gott hat mehr Möglichkeiten, als wir uns überhaupt ausdenken können.

Er hat einen Plan für mich, aber genauso auch für meinen Mann und unsere Kinder. Gott liebt sie, und auch wenn man als Mutter immer denkt: *Niemand liebt meine Kinder so sehr wie ich*, weiß ich, dass Gott sie mehr liebt als ich es überhaupt kann. Er liebt sie mit ewiger, unveränderlicher Liebe.

Tja, nun mussten wir als Familie eine Entscheidung treffen, die nicht einfach war. Sollten wir einer erneuten Chemotherapie zustimmen oder nicht? Was war richtig? Ende 2007 und auch während der laufenden Chemotherapie hatte ich mehrfach mit Überzeugung gesagt, dass ich in meinem Leben keine Chemo mehr machen würde, unter keinen Umständen! Aber jetzt dachte ich doch ernsthaft darüber nach.

Wir mussten eine Entscheidung treffen, die unseren Horizont überstieg und für die uns eindeutig das nötige Fachwissen fehlte. Also fragten wir den, der alles weiß: Gott. Wir baten ihn um Hilfe und Rat. Um zu einer Entscheidung zu kommen, trafen mein Mann und ich damals eine Vereinbarung, die wir bis heute so einhalten: Wir nehmen uns Zeit zum Beten und Nachdenken und versuchen, gemeinsam zu einer Lösung zu kommen, über die wir beide Ruhe und Frieden haben. Sobald wir diesen Status erreicht haben, gehen wir die Sache gemeinsam an. Nach einigen Gesprächen mit unserem Hausarzt und dem Onkologen, bei dem die erste Behandlung durchgeführt worden war, entschieden wir uns gegen eine erneute Chemotherapie.

Ich erholte mich, das Jahr ging weiter, die Kontrollen auch. Routine zog wieder bei uns ein. Ich liebte es, nach dem Mittagessen, wenn die Kinder ihre Mittagsruhe machten, in der Küche zu sitzen, meinen (heißen!) Kaffee zu trinken und ungestört in der Bibel zu lesen. Meine absolute Lieblingsstelle ist der Psalm 121. Den bekam ich einmal in der Zeit zwischen Darm-OP und Chemo per E-Mail geschickt.

Psalm 121

Ein Stufenlied.

Ich erhebe meine Augen zu den Bergen:
Woher wird meine Hilfe kommen?
Meine Hilfe kommt von dem HERRN,
der Himmel und Erde gemacht hat.
Er wird nicht zulassen, dass dein Fuß wanke;
dein Hüter schlummert nicht.

Siehe, der Hüter Israels, er schlummert nicht und schläft nicht.
Der HERR ist dein Hüter,
der HERR ist dein Schatten über deiner rechten Hand.
Nicht wird die Sonne dich stechen am Tag,
noch der Mond bei Nacht.
Der HERR wird dich behüten vor allem Bösen,
er wird behüten deine Seele.
Der HERR wird behüten deinen Ausgang und deinen Eingang,
von nun an bis in Ewigkeit.

Gott ist Helfer, er ist Hüter bei Tag und Nacht. Er schläft nicht – nie! –, er »verschläft« nichts und er »behütet unseren Ausgang und Eingang von nun an bis in Ewigkeit.« Da fiel es mir wie Schuppen von den Augen: Es geht Gott um die Ewigkeit! Er wusste, dass ich die Metastase hatte, das hatte er nicht verschlafen. Ja, er ist täglich da, um zu helfen, und ja, er wacht über mein Leben von der Geburt bis zum Sterben. Aber es geht ihm um mehr, es geht um die Ewigkeit: dass ich in der Ewigkeit bei ihm bin und die ewige Freude in seiner Gegenwart erlebe. Bisher hatte ich täglich dafür gebetet, gesund zu werden. Das ist nicht verkehrt! Wir dürfen immer für alles beten.

Aber meine *Gesundheit* ist nicht alles. Ich darf in der Ewigkeit bei Gott sein! Dort, wo es weder Krankheit noch Schmerzen noch Tod gibt – die ganze Ewigkeit lang. Im Vergleich mit der Ewigkeit ist unser Leben hier auf der Erde nur ein kurzer Moment und im Hinblick auf die Ewigkeit verliert auch manches andere seine Bedeutung. Das alles war mir nicht neu. Aber jetzt war dieses Wissen vom Kopf ins Herz gerutscht. Und das hat mir vieles im Alltag leichter gemacht.

Marcel und ich brachten uns in der Gemeinde ein, so gut es uns möglich war. Wir hatten zusammen viel Freude in der Jugendarbeit. Es waren wirklich sehr schöne Abende für mich, wenn die Jugendlichen bei uns im Wohnzimmer saßen, wir gemeinsam über Gottes Wort nachdachten und das Zusammensein genossen. Außerdem arbeitete ich jetzt in der Jungschar mit, und auch das bereitete mir viel Freude. Beides half mir, mich nicht zu sehr um mich, meine Familie und die Krankheit zu drehen. Es lenkte meinen Blick auf Gott (durch das Vorbereiten der Stunden und das damit verbundene Beschäftigen mit Gottes Wort) und auf meine Mitmenschen. Beides war sehr gut für mich und auch für meine Familie.

Wir versuchten unseren Alltag als Familie so normal wie möglich zu gestalten, was nicht so ganz leichtfiel. Unser Leben war ganz schön getaktet durch die vielen Arzttermine und Kontrollen. Wir sagten immer: »Nach der Kontrolle ist vor der Kontrolle.« Jede Tumormarkerschwankung löste leichte Nervosität bei mir aus. Wäre es nach mir gegangen, wäre »Tumormarker« mit Sicherheit das Unwort des Jahres, wenn nicht sogar meines Lebens geworden!

Abwärtsspirale mit Aufwind

Im Juli 2012 wurde im CT ein winzig kleiner Punkt entdeckt. Hinzu kam ein leicht ansteigender Tumormarker, was auf eine erneute Metastase hindeutete. Gewissheit darüber sollte eine Verlaufskontrolle in neun Monaten bringen. Also wartete ich ab und versuchte, Gott zu vertrauen und zuversichtlich zu sein. Das gelang mir an manchen Tagen besser und an manchen Tagen schlechter. Manchmal fühlte ich mich, als würde ich auf einem Pulverfass sitzen, das jeden Moment in die Luft fliegen kann.

Am 12. August wurde unsere Tochter eingeschult. Da stand ich auf dem Schulhof mit all den anderen Eltern und überlegte, wie oft ich wohl noch in dieser Schule sein würde, wie viele Elternabende und Sommerfeste ich noch besuchen dürfte, wie viele Hausaufgaben wir zusammen machen würden. Fragen über Fragen, auf die ich keine Antwort hatte. Aber wir lebten als Familie in der Gegenwart dessen, der auf alle diese Fragen eine Antwort wusste, ja, der sie nicht nur wusste, sondern alles zu unserem Besten geschehen lassen würde.

In unserer Gemeinde ist es üblich, zum Geburtstag einen Bibelvers für das kommende Lebensjahr zu bekommen. Für mich wurde der Vers aus Sprüche 3,5-6 ausgesucht:

»Vertraue auf den HERRN mit deinem ganzen Herzen,
und stütze dich nicht auf deinen Verstand.
Erkenne ihn auf allen deinen Wegen,
und er wird gerade machen deine Pfade.«

Das fällt mir nicht leicht. Ich bin Kinderkrankenschwester und habe einige Jahre auf einer Kinderkrebsstation gearbeitet. Aus rein medizinischer Sicht sah meine Lage nicht sonderlich hoffnungsvoll aus. Aber Gott kann die Dinge ganz anders lenken, als wir denken oder erwarten. Er hat immer alle Möglichkeiten – er ist durch *nichts* begrenzt oder eingeschränkt.

Dies in der Theorie zu wissen und im Leben anzuwenden, sind zwei verschiedene Dinge. Mein Mann besorgte uns eine CD, auf der diese Verse als Lied vertont sind. Ich hörte diese CD rauf und runter – zu Hause, im Auto, eigentlich ständig. Ich bemerkte, wie sehr mir gute Lieder mit aufbauenden Texten halfen, nicht zu verzweifeln. Und noch etwas bewirkten sie bei mir: Das »Kopfkino«, oder die Abwärtsspirale der Gedanken wurde gestoppt. Ich weiß nicht, ob Du sie kennst: Diese fiesen negativen Gedanken, die einem einreden, dass sowieso alles ganz schlecht sei, dass es nie wieder besser, geschweige denn gut werde, und so weiter. Diese Spirale ist wie ein Strudel, der einen nach unten zieht, der immer schneller und enger wird und einen total erdrückt. Ziemlich oft hat der Strudel mich in Beschlag genommen. Ich wusste schon, dass mich dieses negative Denken nicht weiterbrachte, aber ich konnte es allein nicht abstellen. Einfacher wird es, wenn man eine negative Sache durch eine andere positive ersetzt. Die Lieder mit ihren Texten nahmen den Platz dieser fiesen Überlegungen ein. Also entwickelte ich ein Ritual für mich: Sobald ich merkte, dass negative Gedanken in mir aufstiegen, ging ich auf die Knie, unterbrach, was ich gerade tat, betete um Hilfe und machte Musik an – richtig laut. Es funktionierte. Ich war Gott so dankbar und stimmte laut mit in den Lobgesang ein (obwohl ich gar nicht so toll singen kann!).

Ein Lied, das mir in dieser Zeit besonders lieb geworden ist, stammt von Paul Gerhard und heißt »Befiehl du deine Wege«. In einer Strophe heißt es: **»Der Wolken, Luft und Winden gibt Wege Lauf und Bahn, der wird auch Wege finden, da dein Fuß gehen kann.«**

Es hat mich so getröstet, zu wissen, dass Gott Wege findet; und zwar solche, auf denen **MEIN** Fuß gehen kann. Die Wege, die Gott uns führt, sind immer ganz individuell und persönlich. Wie es bei anderen verlaufen ist, so muss es nicht bei mir sein. Gott hat einen eigenen Plan für mein Leben.

Gott versorgte mich in meiner täglichen Bibellese mit so vielen guten Worten, die genau in meine Situation sprachen. Täglich setzte ich mich in freudiger Erwartung in meinen Sessel vor den Ofen, schlug die Bibel und das Andachtsheft auf und war gespannt, was er mir heute sagen würde. Ein Vers aus dieser Zeit ist mir besonders in Erinnerung geblieben, da er etwas in meinem Leben grundsätzlich verändert hat. Da heißt es in Klagelieder 3,19-23: »An mein Elend und meine Heimatlosigkeit zu denken, bedeutet Wermut und Gift! Und doch denkt und denkt meine Seele daran und ist niedergedrückt in mir. Doch dies will ich mir in den Sinn zurückrufen, darauf will ich hoffen: Ja, die Gnadenerweise des HERRN sind nicht zu Ende, ja, sein Erbarmen hört nicht auf, es ist jeden Morgen neu. Groß ist deine Treue.« (Revidierte ELB)

Das traf den Nagel haargenau auf den Kopf. An meine Krankheit und meine Not zu denken, war nicht gut für mich. Es war nicht gut, dass mein Denken ständig um mich selbst kreiste, und doch passierte es immer wieder. In meinem Andachtsheft wurde dazu angemerkt, dass es dem obigen Propheten sicher nicht danach zumute war, an Gottes Gnade und Treue zu denken. Er befand sich in einer sehr bedrückenden, traurigen Lage – rund um ihn herum nur Elend. Aber er entschied sich ganz bewusst dafür, an das zu denken, was Gott schon alles in seiner Gnade und Treue gewirkt hatte. In dem Heft stand auch, dass viele große Veränderungen mit einem **ICH WILL** begonnen haben – nicht nach dem Motto: »Alles läuft, wie ich es will«, also kein egozentrisches »ich will«. Vielmehr ein »ich will«, das sich ganz bewusst dem Willen Gottes unterstellt und nach seiner Gnade, Treue und Führung sucht. Ein »ich will«, das sagt: »*Ich will* dir vertrauen und *ich will* dir gehorsam sein.«

So begann ich ganz zaghaft, diese neue Erkenntnis in meinem Leben umzusetzen. (Daran arbeite ich immer noch, aber es wird leichter, das kann ich Dir versprechen, wenn Du es auch ausprobieren willst.) Ich betete oft so oder so ähnlich: »Vater, es ist für mich nicht leicht in der Situation und ich weiß auch nicht, wofür das alles gut sein soll. Alles in mir sträubt sich dagegen, diesen Weg zu gehen, aber ich liebe dich und ich will dir folgen. Ich will wollen, was du willst, aber ich kann es nicht. Bitte, wirke du in mir und verändere du mich.« Man kann es sich kaum vorstellen, aber Gott kann das. Er kann uns verändern. Und dann geht es auf einmal immer leichter. Dann kann man ihm sogar fröhlich folgen.

Fröhlich sein? Unter solchen Umständen? Das finden viele Menschen nicht normal. Deshalb meinten viele, wir seien wahnsinnig oder würden uns vor der Realität verschließen und hätten den Ernst der Lage nicht verstanden. Leider dachten oft auch Ärzte, ich hätte nicht verstanden, worum es gehe und wie ernst die ganze Sachlage sei und klärten mich dann überdeutlich auf. Das kostete mich enorm viel Kraft.

Manche dachten, wir seien nicht ganz bei Trost, aber genau das Gegenteil war der Fall: Wir waren vollkommen geborgen bei dem, der uns Trost gab. Anders hätten wir es niemals aushalten können, wenn Gott uns nicht so getragen und getröstet hätte.

Uns war vollkommen klar, dass wir total von Gott abhängig waren. Es ist ja immer so: Jeder Mensch ist vollkommen von Gottes Gnade abhängig, oft ist uns das nicht bewusst und wir denken, wir könnten Dinge selbst in die Hand nehmen und regeln. Aber das war ganz klar außerhalb unseres Machtbereiches.

Eine Ärztin fragte mich einmal, wie ich das mache, dass ich so entspannt sei in dieser »Hänge-Situation«. Sie fragte mich, bei welchem Gesprächstherapeuten oder Psychologen ich in Betreuung sei. Da habe ich geantwortet: »Ich habe täglich eine Audienz beim Allerhöchsten.« Das war es, was wir taten: Wir suchten Gottes Gegenwart, und alles andere tat er. Wir lasen in der Bibel, wir beteten und besuchten die Gemeindestunden. Das gab uns unglaubliche Ruhe und Freude.

Ich habe in dieser Wartezeit einen Vortrag von Elisabeth Elliot gehört: »Wege durch das Leiden«. Später las ich auch ihr Buch dazu. In dem Vortrag gibt sie eine sehr gute und interessante Definition von Leid und Freude: »Leiden ist die Abwesenheit dessen, was man gerne in seinem Leben hätte oder die Anwesenheit dessen, was man nicht in seinem Leben haben möchte.« Im Fall von Elisabeth war es, dass ihr Mann von Auca-Indianern ermordet worden war. Sie hätte gerne ihren Ehemann weiter bei sich gehabt, aber das war nicht möglich. Jetzt könnte man denken, die Definition von Freude sei Anwesenheit dessen, was man gerne in seinem Leben möchte oder Abwesenheit dessen, was man nicht gerne in seinem Leben möchte. Aber das ist nicht wirklich Freude.

Freude ist vielmehr die Gegenwart Gottes in meinem Leben. Und damit wird Freude unabhängig von den Lebensumständen. Das heißt, ich kann in meinem Leben IMMER Freude haben, wenn ich in der Gegenwart Gottes lebe.

»Freut euch im Herrn allezeit!
Wiederum will ich sagen: Freut euch!«
(Philipper 4,4)

Von Unmöglichkeiten und Möglichkeiten

So durchlebten wir die nächsten Monate, bis am 25. März 2013 im CT festgestellt wurde, dass der kleine Punkt doch deutlich gewachsen war – ein eindeutiges Zeichen für eine Metastase. Es wurde eine operative Entfernung vorgeschlagen.

Also begann alles von vorne: Arzttermine, Gespräche, Planung, Putzen, Kochen, Backen. Wieder einmal Jungschar und Jugend pausieren. Ich war nervös und erleichtert zugleich. Jetzt wussten wir wenigstens, woran wir waren.

Nach dem Gespräch mit dem Thoraxchirurgen[13] kamen wir nach Hause und ich färbte Eier mit den Kindern. Es war Gründonnerstag. Ins Krankenhaus sollte ich am 24. April. Meine Schwester fuhr mich mit meinem kleinen Neffen, der damals zweieinhalb Jahre alt war, ins Krankenhaus. Er sang für mich auf der Autofahrt das schöne Kinderlied: »Mein Gott ist so groß, so stark und so mächtig! Unmöglich ist nichts meinem Gott!« Das war genau das, was ich jetzt brauchte!

13 Ein Arzt, der sich darauf spezialisiert hat, sämtliche entzündliche, gut- und bösartige Erkrankungen der Lunge, der Atemwege, des Rippenfells, des Mittelfellraumes und des Zwerchfelles zu operieren.

Die OP fand am 25. April statt, fünf Tage später wurde ich entlassen. So positiv überrascht, wie wir nach der ersten OP waren, so negativ überrascht waren wir nach dieser zweiten. Ich war sehr schwach und hatte unglaubliche Schmerzen, die sich nicht so leicht behandeln ließen. Irgendwie vertrug ich das Schmerzmedikament nicht gut, musste mich oft übergeben, der Bauch war lahm und die Verdauung kam kaum in Gang. Meine Schwester holte mich aus dem Krankenhaus ab. Mir war sooo übel, aber ich wollte unbedingt nach Hause. Ich sagte ihr: »Los, lass uns schnell gehen, bevor ich mich übergeben muss, dann darf ich nämlich nicht raus.« Meine arme Schwester suchte noch nach einem Spuckbeutel und los ging es. Zu Hause angekommen, verfrachtete sie mich irgendwie ins Bett und legte mir auf einem Tablett alles parat, was ich irgendwie gebrauchen könnte: das Telefon, etwas zu trinken, Schmerztabletten, Taschentücher. Es dauerte nicht lange und ich musste zur Toilette, konnte aber vor lauter Schmerzen gar nicht aufstehen. Irgendwie drehte ich mich um und rutschte auf allen vieren aus dem Bett. Hinterher kam ich genauso schlecht wieder ins Bett. Oh, wie froh war ich, als Marcel mit den Kindern nach Hause kam und mir helfen konnte! Mein Hausarzt fand ein Schmerzmittel, das die Schmerzen besser linderte und den Darm nicht so lähmte. So wurde ich mobiler, erholte mich dennoch insgesamt nur sehr mühsam. Zudem war nach dieser OP ein Nerv, der entlang der Rippen verläuft, ziemlich gereizt. Diese Schmerzen wurden mit der Zeit schwächer, gingen aber nicht mehr ganz weg.

Wir haben als Gemeinde die Gewohnheit, alle zwei Jahre eine Freizeit zu veranstalten. Wir verbringen zusammen ein verlängertes Wochenende in einem Freizeithaus, genießen das Zusammensein, denken über Gottes Wort nach und tauschen uns aus. Außerdem bleibt viel Zeit zum Spielen und Quatsch machen. Dieses Jahr war es am 8. Mai so weit. Wir haben als Familie lange überlegt, ob wir das machen können, ob mein Gesundheitszustand das zulassen würde oder ob er vielleicht eine Belastung für die anderen Geschwister in der Gemeinde wäre. Mir ging es wirklich noch nicht so gut, aber wir waren uns sicher, die Gemeinschaft mit den christlichen Freunden würde uns allen guttun – auch den Kindern, die ein wenig Ablenkung und Spaß wirklich nötig hatten. Also fuhren wir mit. Die Freizeit verlief tatsächlich sehr gut und ohne Zwischenfälle für uns. Wie erwartet hatten unsere Kinder viel Spaß und konnten das unbeschwerte Zusammensein sehr genießen. Auch ich genoss es, obwohl ich körperlich nicht an allen Aktivitäten teilnehmen konnte, aber das Zusammensein mit den anderen bereitete mir Freude und gab mir Mut und Sicherheit. Ich wusste, dass alle für unsere Familie beteten.

Am 17. August wurde Felix eingeschult. Wieder stand ich auf dem Schulhof mit all den anderen Eltern und wieder dachte ich nach. **Ich war Gott so dankbar, dass ich dort stehen durfte – wie hatte er mich doch im vergangenen Jahr begleitet und getragen!** Egal, was das nächste Jahr auch bringen würde: *Heute* stand ich hier und genoss die Freuden, die das Mamasein mit sich brachte und *heute* wollte ich meine Aufgaben als Mama, so gut es mir möglich war, ausüben.

Ich hatte kurz zuvor eine Postkarte gefunden, auf der stand: »Life isn't about waiting for the storm to pass, it's about learning to dance in the rain.«[14] (Vivian Greene)

---

14 Bedeutet auf Deutsch: Im Leben geht es nicht darum, darauf zu warten, dass das Unwetter vorübergeht, sondern darum, zu lernen, im Regen zu tanzen.

Ja, das stimmte. Ich musste lernen, jeden Tag, den Gott mir schenkte, zu nutzen. Es nützt nichts, solche Pläne zu schmieden: *Wenn ich mich von dieser Operation erholt habe, dann … Wenn ich wieder besser bei Kräften bin, dann … Wenn, wenn, wenn …* Ich weiß doch gar nicht, ob das, was ich für mich zur Bedingung mache, je eintreffen wird. Was, wenn ich nie mehr ganz zu Kräften komme? Was, wenn ich für immer körperlich stärker eingeschränkt bleibe? Es wäre doch total schade, die Möglichkeiten, die Gott mir heute schenkt, nicht wahrzunehmen!

»Denn wir sind sein Werk,
geschaffen in Christus Jesus zu guten Werken,
die Gott zuvor bereitet hat,
damit wir in ihnen wandeln sollen.«
(Epheser 2,10)

Aber Gott ist nicht angewiesen auf meine körperlichen Kräfte – ganz im Gegenteil!

»Und er hat zu mir gesagt:
Meine Gnade genügt dir,
denn meine Kraft wird in Schwachheit vollbracht.
Daher will ich mich am allerliebsten viel mehr
meiner Schwachheiten rühmen,
damit die Kraft des Christus über mir wohne.«
(2. Korinther 12,9)

Oft ist es sogar förderlich, schwach zu sein, da man sich dann weniger auf sich selbst verlässt und leichter bereit ist, alles von Gott zu erwarten. Damit will ich nicht sagen, dass wir keine Pläne machen oder unorganisiert leben sollen. Ich habe auch gelernt, dass es Kräfte spart, wenn man z. B. seinen Haushalt geplant führt und dass es Zeit spart, den Tagesablauf zu planen. Ich meine nur, dass wir uns nicht von unseren Plänen abhängig machen sollen, sondern die Gelegenheiten, die Gott uns täglich schenkt, eben als solche – als Geschenke – annehmen und wahrnehmen sollten. Es kommt auf jeden einzelnen Tag an. Martin Luther hat einmal gesagt: »Auch wenn ich wüsste, dass morgen die Welt zugrunde geht, würde ich heute noch einen Apfelbaum pflanzen.«

Unser Alltag ging weiter. Ich erholte mich, wenn auch mühsam und mit einigen Einschränkungen, die blieben. Ich hatte täglich Schmerzen – keine starken, aber unterschwellig waren sie immer da. Dazu kam, dass ich wetterfühlig wurde. Bei jedem Wetterwechsel tat mir der Brustkorb weh.

Was für eine Freude ist es, zwei Grundschulkinder zu haben! Die beiden haben für viel Ablenkung gesorgt mit allem, was sie gerne machen wollten in ihrer unbedarften kindlichen Fröhlichkeit. Ich genoss es, an ihrem Leben teilzuhaben. Lena und Felix haben es mir wirklich leicht gemacht – sie waren sehr lieb und unkompliziert. Wenn es mir nicht gut ging, dann konnten sie ganz leise in ihren Zimmern spielen und mir eine Stunde Auszeit geben. Marcel und ich begannen wieder mit unseren Aufgaben in der Gemeinde: Marcel in der Jugend und ich in der Jungschar. Beides verlangte uns einiges ab, aber eigentlich sind wir viel mehr beschenkt worden. Gott hat uns beiden viel Freude durch die Arbeit geschenkt, so viel mehr als die Mühe, die wir investiert haben.

So wie der Alltag weiterlief, gingen natürlich auch die Kontrollen weiter. Ich mochte diese Kontrollen überhaupt nicht. Es kam mir immer so vor, als müsste ich eine Prüfung ablegen, auf die ich mich gar nicht vorbereitet hatte bzw. vorbereiten konnte. In den vergangenen Jahren hatte ich Verschiedenes versucht, um mich besser »vorzubereiten«: Ich hatte einiges zu meiner Erkrankung recherchiert und gelesen, auch über alternative Behandlungsmethoden, so mancherlei ausprobiert wie z. B. zuckerfreie Ernährung, nur noch Vollkornprodukte essen, Sport treiben, aber nichts davon gab mir wirklich das Gefühl, besser vorbereitet zu sein. Ich war jedes Mal angespannt, weil ich wusste, dass ich das Ergebnis der Kontrolle nicht beeinflussen konnte. Was mir wirklich geholfen hat, gelassener zu werden, war die Beschäftigung mit Gott selbst, mit seinem Wesen, seinen Eigenschaften.[15] Je besser ich ihn kennenlernte, um so leichter fiel es mir, ihm zu vertrauen. Er ist der Urheber und Erhalter allen Lebens, in seinen Händen liegt alles. Das heißt nicht, dass ich Dinge wie Sport und gesunde Ernährung für unbrauchbar halte. Sie sind unserer Gesundheit eindeutig förderlich und haben ihren festen Platz in meinem Leben, aber sie sind letztlich kein tragfähiges Fundament. Sie sind nicht das, was mir Halt, Mut und Zuversicht geben kann. Leider sind sie auch keine Garanten für Gesundheit.

15 Das Buch: »So ist Gott« von William MacDonald und Brad Hanes hat mir dabei sehr geholfen.

Alles außer Kontrolle?

Vielleicht ahnst Du es schon: Im Laufe der Kontrollen tauchte im Oktober 2014 die nächste Lungenmetastase auf. Da saß ich nun im Wartezimmer meines Hausarztes und dachte mir: *Schon wieder?!* Nach meinem Empfinden hatte ich mich von der letzten Lungenoperation noch gar nicht erholt und jetzt sollte schon die nächste auf mich warten? Wo sollte das nur hinführen? Die Gedanken in meinem Kopf fuhren Karussell: *Nach der letzten Operation geht es mir deutlich schlechter als vorher … Wenn jetzt schon wieder eine Operation durchgeführt wird, wie wird es mir danach wohl gehen? Werde ich noch in der Lage sein, mich um unsere Kinder und den Haushalt zu kümmern? Wenn ich nach dieser neuen Operation genauso viel körperliche Kraft einbüße wie nach der letzten, dann werde ich das sicher nicht mehr schaffen.*

Mein Hausarzt beruhigte mich zunächst und sagte, der Lungenrundherd[16] sei wirklich sehr winzig, gerade mal ein Millimeter groß. Wir sollten erst einmal abwarten und den Verlauf kontrollieren.

16 Als Rundherd bezeichnet man einen kleinen runden oder ovalen Gewebeknoten, der gutartig oder bösartig sein kann.

Dann wollten wir weiter schauen. Im Februar 2015 ergab eine Untersuchung: Keine Befundänderung. So hieß es weiter abwarten. Ich wartete bis November 2015.

Der Rundherd war inzwischen deutlich gewachsen – ein eindeutiges Zeichen, dass es tatsächlich eine Metastase war. Auf Anraten unseres Hausarztes machten wir einen Termin bei dem Thoraxchirurgen, der auch die letzte Metastase operiert hatte. Innerlich erstellte ich schon die ganze Liste: Arzttermine, zu Hause alles für den Krankenhausaufenthalt vorbereiten, usw. Wir saßen im Arztzimmer und sprachen mit dem Arzt über den bisherigen Verlauf meiner Erkrankung. Er sagte, dass er sich anhand des CT-Bildes noch an meine Lunge erinnern könne … dass die OP recht schwierig gewesen war … dass er nicht wüsste, ob eine erneute OP in meinem Fall sinnvoll sei … dass es viele Risiken bei einer mehrfach voroperierten Lunge durch Vernarbungen gab … Da war ich raus aus dem Gespräch. *Nicht sinnvoll? Ja, was dann?* Wie gut, dass Marcel mit zu dem Gespräch gefahren war. Er hörte nämlich weiter zu und konnte mir dann sagen, dass der Thoraxchirurg meinen »Fall« gerne dem interdisziplinären Tumorkolloquium[17] vorstellen wolle und sich dann wieder bei uns melden würde, um alles Weitere zu besprechen. Wir fuhren nach Hause und warteten.

Es dauerte zehn Tage, bis endlich der ersehnte Anruf kam. Der Thoraxchirurg teilte mir in knappen Worten mit, dass man innerhalb des Tumorkolloquiums beschlossen hätte, mir eine erneute Operation nicht zu empfehlen. Ich wurde zu einem weiteren Gespräch am 18. Dezember eingeladen, diesmal in die

17 Beratung von Ärzten unterschiedlicher Fachabteilungen, die an der Behandlung beteiligt sind.

Strahlenklinik. Eine sehr nette Ärztin sprach mit uns. Sie nahm sich viel Zeit und informierte uns darüber, dass man im Tumorkolloquium zu dem Entschluss gekommen sei, mir nach der zweimaligen operativen Entfernung der Metastasen diesmal die Radiochirurgie[18] zu empfehlen.

Wir fuhren ziemlich unschlüssig nach Hause. In meinem Kopf schwirrte alles durcheinander und ich hatte wieder einmal keine Ahnung, was ich tun sollte und was das Richtige für uns war. *Keine Ahnung, keine Ahnung, keine Ahnung*, war alles, was ich denken konnte. War ich nur deshalb so verwirrt, weil die Antwort anders war, als ich es erwartet hatte? Oder hatte ich berechtigte Zweifel und das Beste für uns und unsere Situation war *nicht* die Radiochirurgie? Ich wusste es absolut nicht! Also fragte ich den, der alles weiß. Ich fing an zu beten. Wir beteten zusammen. Nachdem wir so lange gewartet hatten, bis man sagen konnte, dass es eine Metastase ist, konnten wir jetzt auch noch warten, bis wir so weit waren, zu entscheiden – nicht unter Zeitdruck, sondern wohlüberlegt und mit Ruhe. Erneut baten wir Gott um Hilfe, die richtige Entscheidung für uns als Familie zu treffen. Wir baten ihn, der alle Dinge weiß, und der jede Zelle meines Körpers kennt, um Weisheit.

»Denn du besaßest meine Nieren;
du wobst mich im Leib meiner Mutter.
Ich preise dich dafür, dass ich auf eine erstaunliche,
ausgezeichnete Weise gemacht bin.
Wunderbar sind deine Werke,
und meine Seele weiß es sehr wohl.

18 Das ist eine Form der Bestrahlung, bei der ein kleines Volumen im Körper in einer Sitzung, aber mit sehr hoher Dosis bestrahlt wird, sodass es im Idealfall unmittelbar zerstört wird.

Mein Gebein war nicht vor dir verborgen,
als ich gemacht wurde im Geheimen,
gewirkt wie ein Stickwerk in den untersten Örtern der Erde.
Meinen Keim sahen deine Augen,
und in dein Buch waren sie alle eingeschrieben,
die Tage, die entworfen wurden,
als nicht einer von ihnen war.«
(Psalm 139,13-16)

Kurz vor Weihnachten telefonierte ich mit meinem Hausarzt, der sich Sorgen machte, da er nichts weiter von uns gehört hatte. Aber er machte mir Mut, in aller Ruhe zu überlegen, was wir tun wollten. Der bisherige Verlauf der Erkrankung zeige, dass ich ein eher langsames Tumorwachstum habe, was mir jetzt Zeit zum Überlegen schenke. Ich bedankte mich und wir machten aus, dass wir uns nach den Feiertagen melden und dann weiter schauen würden.

Jetzt wollte ich erst einmal ganz in Ruhe mit meiner Familie Weihnachten feiern. Lena spielte dieses Jahr beim Krippenspiel in unserer Gemeinde die Maria – das war wirklich etwas Besonderes für sie. Mit der Kinderstunde hatten sie ein Lied für den Gottesdienst eingeübt: »Erde statt Himmel«. Da heißt es im Refrain:

Runtergekommen, abgestiegen,
Erde statt Himmel, da wo wir sind.
Runtergekommen, abgestiegen,
alles aus Liebe, der König wird Kind.

Ja, das ist es. Gott ist auf die Erde gekommen. Er ist Mensch geworden und war da, wo ich bin. Er ist zu mir gekommen und den ganzen Weg mit mir gegangen, bis hierher und er wird ihn auch weiter mit mir gehen – alles aus Liebe! Ich genoss dieses Weihnachten sehr.

Kann man dabei sterben?

Wir starteten in das neue Jahr mit gespannter Erwartung, was alles auf uns zukommen würde, aber mit erstaunlich wenig Angst. Wir genossen die freie Zeit als Familie, waren uns ganz sicher, dass Gott mit uns gehen und uns leiten würde.

Es waren nun schon einige Wochen vergangen, seit Marcel und ich das Gespräch mit der Ärztin geführt hatten, aber wir konnten uns noch immer nicht zu einer Entscheidung durchringen. Ich hatte den Eindruck, dass ich unbedingt noch mehr Informationen benötigte. Also machte ich einen Termin bei unserem Hausarzt und sprach mit ihm über alle meine Fragen und Bedenken. Daraufhin empfahl er mir, mich doch noch einmal bei einem Onkologen[19] vorzustellen. Das taten wir auch. Am 21. Januar saßen wir wieder einmal in einem Arztzimmer und sprachen über den bisherigen Krankheitsverlauf und die Therapien, die ich gemacht hatte. Leider konnte der Spezialist mir nicht viel Neues sagen und auch keine grundsätzliche Alternative anbieten, fragte aber, warum ich keine erneute Operation wollte. Für sein Dafürhalten sei das die beste

19 Ein Arzt, der sich auf Diagnostik und Behandlung von Tumorerkrankungen spezialisiert.

Option. Marcel und ich saßen da und schauten uns an. Er meinte, er sei zwar kein Thoraxchirurg, aber er könne uns einen Termin bei einem Chirurgen vermitteln, bei dem wir uns mit allen Unterlagen vorstellen könnten. Gesagt, getan. Am 28. Januar 2016 saßen wir bei diesem Chirurgen. Er meinte, dass es durchaus sinnvoll sei, erneut zu operieren, da die Lage der Metastase das gut ermögliche. Mit einer erneuten Operation könne man einen Zustand erreichen, den die Ärzte »makroskopisch tumorfrei«[20] nennen. Dieser Zustand sei immer erstrebenswert – so seine Meinung. Marcel und ich verließen das Arztzimmer und hatten beide den Eindruck, dass dies der richtige Weg für uns sei. Wir hatten durch das Gespräch den vertrauensvollen Eindruck, dass Gott selbst uns hierhergeführt hatte.

Zu Hause angekommen, bereiteten wir alles für den diesmal wahrscheinlich deutlich längeren Krankenhausaufenthalt vor. Die Klinik war etwas weiter von uns entfernt, sodass die Voruntersuchungen stationär durchgeführt werden sollten, und auch nach der Operation war das Vorgehen in dieser Klinik etwas anders.

Wir meldeten Lena und Felix in der Betreuung der Grundschule an, damit Marcel sie morgens, bevor er selbst zur Schule fuhr, dorthin bringen und nach seinem eigenen Schulschluss auch wieder abholen konnte. Wir hatten den Eindruck, dass wir so die größtmögliche Ruhe und Kontinuität für die Kinder in diese Situation hineinbringen konnten. Natürlich waren wir, wie jedes Mal, auf die Hilfe meiner Schwiegereltern angewiesen – bei den ganz praktischen Dingen wie z. B. dem Mittagessen und der Kinderbetreuung, aber auch, weil wir wussten, dass sie für uns beteten und den Alltag

20 Makroskopisch bedeutet ohne optische Hilfsmittel, mit bloßem Auge erkennbar. Makroskopisch tumorfrei bedeutet ohne sichtbaren Tumor.

für Lena und Felix so leicht und unbeschwert wie möglich gestalten würden.

Noch war ich zu Hause und überlegte hin und her, wie ich mit den beiden über das Bevorstehende reden sollte, und vor allem, was und wie viel ich sagen sollte. Bislang wussten sie nämlich gar nichts über meine Erkrankung. Den Hauptteil der Therapie hatte ich bekommen, als sie so klein waren, dass es noch nicht notwendig gewesen war, mit ihnen darüber zu sprechen. Aber jetzt waren sie neun und zehn Jahre alt. Da konnte ich nicht einfach mehrere Wochen in ein Krankenhaus gehen, ohne ihnen wenigstens etwas zu sagen. So fasste ich mir ein Herz und rief die beiden an einem Nachmittag zu mir auf das Sofa im Wohnzimmer. Ich begann mit ihnen zu sprechen und erklärte ihnen, dass es in meiner Lunge ein »böses Ding« gebe, das ungefähr die Form einer Erdnuss habe und dass der Arzt, bei dem wir jetzt gewesen waren, es herausoperieren und ich dafür einige Zeit ins Krankenhaus müsse. Wir hätten sie deshalb in der Betreuung der Grundschule angemeldet. Da fiel mir Lena ins Wort mit der ganz direkten Frage: »Ist das eine schlimme Erdnuss und kann man dabei sterben?« Ach du Schreck! Na, so hatte ich mir das nicht vorgestellt. Ich begann ganz vorsichtig und meinte, die Ärzte würden sich sehr bemühen, mir zu helfen. Die Erdnuss sei ganz fies und bösartig, sie würde einfach immer weiter in meiner Lunge wachsen, bis ich nicht mehr genug Luft bekäme. Das war das Stichwort für Felix. Er hatte nicht allzu lange her mit einer Lungenentzündung im Krankenhaus gelegen und meinte, dass man da so einen »Leuchtefinger« bekäme, womit die Ärzte nachgucken, ob man genug Luft hat. Er meinte den Sensor, den man bei Kindern um den Finger wickelt, um den Sauerstoffgehalt im Blut zu messen. Es fiel ihm noch allerhand mehr ein, was er erlebt hatte, und ich ließ ihn erzählen, erleichtert darüber, dass ich Lenas Fragen nicht weiter beantworten musste. Und auch Lena war nach seinen Erklärungen zufriedengestellt.

Jetzt kann man sich fragen, ob das so richtig war, oder ob ich hätte mehr sagen müssen. Ich weiß es nicht. Ich wusste es damals nicht und ich weiß es auch heute noch nicht. Hätte ich damals mehr gesagt und erklärt, dann hätte es mein lieber Mann ein paar Monate später einfacher gehabt. Andererseits hatten wir all die Jahre nie ein großes Thema aus meiner Krebserkrankung bei uns zu Hause gemacht. Wir wünschten uns für unsere Kinder, dass ihre Kindheit so unbeschwert wie möglich sein sollte. Ich habe sie nie angelogen. Wenn sie mich etwas gefragt haben, habe ich es ihnen so ehrlich wie möglich und ihrem Alter entsprechend erklärt, aber das war nicht viel – bis zu diesem Nachmittag, als Lena mich so unvermittelt fragte: »Kann man dabei sterben?« Da hätte ich mit Ja antworten müssen. Aber können wir nicht jeden Tag sterben? Niemand weiß am Morgen, ob er am Abend noch leben wird. Wir machen uns nur für gewöhnlich keine Gedanken darüber. Mein Mann sagte mir einmal, als ich ziemlich niedergedrückt war: »Mausi, jeder von uns hat jeden Tag eine fifty-fifty Chance zu überleben. Entweder sagt Gott: ›Du überlebst diesen Tag‹, oder er bestimmt: ›Du überlebst ihn nicht‹.« Ich gebe zu, dass das eine sehr rationale Sichtweise auf die Dinge ist, aber mein Mann ist Mathelehrer. Ganz im Ernst: Niemand weiß, wann er sterben wird. Durch meine Erkrankung haben wir halt nur mehr darüber nachgedacht, aber ich denke, jeder Mensch sollte bedenken, dass das Leben tödlich endet.

»... denn schnell eilt es vorüber, und wir fliegen dahin [...]
So lehre uns denn zählen unsere Tage,
damit wir ein weises Herz erlangen!«
(Psalm 90,10+12)

»Und ebenso wie es den Menschen gesetzt ist,
einmal zu sterben, danach aber das Gericht …«
(Hebräer 9,27)

Umso wichtiger ist es, dass ich mir Gedanken über das mache, was nach dem Tod kommt. Gott sagt in der Bibel eindeutig, dass es nur zwei Möglichkeiten gibt: Entweder wir werden für immer bei ihm sein oder wir werden für immer getrennt von ihm sein, an einem Ort, an dem es alles andere als schön, angenehm oder friedlich ist.

»Und viele von denen, die im Staub der Erde schlafen,
werden erwachen: diese zu ewigem Leben
und jene zur Schande, zu ewigem Abscheu.«
(Daniel 12,2)

»… und hervorkommen werden:
die das Gute getan haben,
zur Auferstehung des Lebens,
die aber das Böse verübt haben,
zur Auferstehung des Gerichts.«
(Johannes 5,29)

Diese Entscheidung treffen wir, während wir hier auf der Erde leben. Mit unserem Tod endet diese Möglichkeit endgültig. Gott macht uns das einmalige Angebot, die Vergebung unserer Schuld als Geschenk anzunehmen. Dafür hat er seinen Sohn am Kreuz für uns geopfert. Nur so bekommt man Zugang zum Himmel. Ich bin sehr froh, in meinem Leben dieses sichere Wissen zu haben, wohin die Reise geht.

Jetzt führte die Reise mich erst einmal ins Krankenhaus. Ich wurde am 11. Februar 2016 aufgenommen und von Kopf bis Fuß untersucht. Durch verschiedene Umstände und Untersuchungen machte mein Bauch mir sehr zu schaffen. Er war deutlich aufgebläht und verursachte ziemlich unangenehme Schmerzen. Außerdem hatte ich dauerhaft das Gefühl, zu viel gegessen zu haben. Es fühlte sich so an, als würde sich mein Darm nur im Schneckentempo bewegen. Wir versuchten es mit Bewegung, Bauchmassage, entblähenden Medikamenten und noch einigem mehr – leider ohne Erfolg. Am 22. Februar war es so weit: Die Metastase wurde operiert. Danach war ich ziemlich matt und erschöpft. Ich hatte einiges an Blut verloren. Die OP war nicht einfach und dauerte mehrere Stunden, aber sie war erfolgreich. Das war es ja, was wir uns gewünscht hatten. Die nächsten Tage verbrachte ich in teilweise sehr dämmrigem Zustand auf der Intensivstation. Dies lag an den Schmerzmedikamenten und meinem niedrigen Hb-Wert. Nachdem sich dieser Zustand trotz einiger Tage Warten nicht wesentlich verbesserte, beschloss man, mir Blutkonserven zu geben. Der Erfolg war enorm. Am späten Vormittag lief die erste Konserve ein und als mein Mann mich nachmittags besuchte, konnten wir schon die ersten Schritte auf dem Flur der Intensivstation machen. Abends lief die zweite Konserve ein und am nächsten Tag wurde ich auf die Normalstation zurückverlegt.

Nun wollte ich gerne wieder ganz auf die Beine kommen. Das war gar nicht so leicht. Ich hatte mir das so schön vorgestellt, war aber durch die Schmerzen doch ziemlich in meinen Bewegungen eingeschränkt. Die Schmerzen ließen sich nicht so gut behandeln, wie ich es mir gewünscht hätte. Die effektiven Schmerzmittel haben leider auch die blöde Nebenwirkung, den Darm in seiner Arbeit zu verlangsamen. Und mein Darm bereitete mir sowieso schon

Schwierigkeiten. So verbrachte ich einige Nächte, von Schmerzen wachgehalten, auf dem Flur auf und ab laufend. Aber ich war mir ganz sicher, dass Jesus mit mir auf und ab lief und fühlte mich weder einsam noch allein. Das Überraschende daran war, dass ich eigentlich ein totaler Heimwehmensch bin. Wenn ich früher auf Klassenfahrt gefahren bin, habe ich immer gejammert. Aber hier, wo ich vielleicht wirklich einen Grund dazu gehabt hätte, machte es mir nicht so viel aus.

Zwei Tage, bevor ich am 3. März entlassen wurde, begann mein Darm wieder richtig zu arbeiten. Wie gut! Man kann sich vorstellen, wie unangenehm es ist, wenn der Darm nicht richtig arbeitet.

Ich fuhr erstaunlich fit und mit kaum Schmerzen nach Hause. Der Thoraxchirurg, der mich diesmal operiert hatte, hatte eine andere Operationsmethode angewandt als der vorige. Dies brachte mit sich, dass der Nerv, der entlang der Rippen läuft und mir nach der vorigen OP einige Schmerzen verursacht hatte, durchtrennt werden musste. Die Folge für mich ist ein ca. fingerbreiter Streifen, der nun taub ist. Dafür habe ich aber diese Schmerzen nicht mehr. Das empfinde ich als großen Gewinn. Zudem legte der Mediziner großen Wert darauf, dass ich mich bewege und Lungengymnastik mache. Schon vor der OP musste ich zu Hause Übungen machen, und im Krankenhaus ging ich täglich zur Lungengymnastik – zu Fuß! Meine Station war im 4. OG und die Gymnastik im 1. UG. Für den Thoraxchirurgen verstand es sich von selbst, dass man den Fahrstuhl nach Möglichkeit nicht benutzte, um die Lunge zu trainieren. Das war ja vor der OP nicht schwer, aber hinterher eben doch! Ich kämpfte mich ganz schön schnaufend die Stockwerke hoch, merkte aber, dass es Tag für Tag leichter wurde.

Mit Sicherheit war dies einer der Gründe, weshalb ich so fit (den Umständen entsprechend) nach Hause kam.

Ich erholte mich erstaunlich gut. Marcel war ebenso positiv überrascht wie ich. Nach den vorherigen Erfahrungen hatten wir uns auf deutlich mehr Schwierigkeiten und einen viel längeren Zeitraum der Erholung eingestellt. Ich begann wieder mit dem Joggen, außerdem besorgte ich mir Sport-DVDs, die mich dazu anleiteten, die Muskulatur im Brustkorb zu stärken. Anfangs kostete es mich einiges an Überwindung, den inneren Schweinehund zu besiegen und dranzubleiben, aber dann zeigten sich erste Erfolge. Ich wurde fitter, konnte unseren Haushalt wieder führen, fing wieder mit der Gartenarbeit an und nach den Osterferien startete ich wieder mit der Jungschar.

Gott hatte uns sehr beschenkt. Wir waren so dankbar. Alles war richtig gut, bis auf die Sache mit dem Stuhlgang. Ich musste für mein Gefühl viel zu häufig zur Toilette. Deshalb experimentierte ich mit der Ernährung: nur noch Vollkorn, keinen Zucker mehr, viel Obst und Gemüse, Joghurt, viel Tee, und so weiter. Leider blieb der Erfolg nur mäßig.

Ein kaputter Kühlschrank und andere Katastrophen

Im Frühjahr 2017 war der Leidensdruck wegen meines Darms für mich so groß, dass ich mich bei meinem Hausarzt zu einer Darmspiegelung anmeldete. Ich hatte seit Monaten keine Nacht mehr durchgeschlafen. Jede Nacht musste ich drei- bis fünfmal aufstehen. Wenn ich etwas Falsches gegessen hatte, saß ich gefühlt die ganze Nacht auf der Toilette, mal ganz davon abgesehen, wie häufig ich tagsüber zur Toilette rannte. Das konnte kaum eine Minute warten. Wir planten die Spiegelung in den Osterferien, da machte es Marcel den wenigsten Stress, denn das Abführen war eine solche Tortur für mich, dass ich zu nichts anderem zu gebrauchen war. Außerdem brauchte ich ja einen Fahrer zur Untersuchung und wieder nach Hause. Unser Hausarzt erklärte uns, dass er die Untersuchung nicht zufriedenstellend durchführen konnte, da sich die Nahtstelle von der Tumoroperation so eng zusammengezogen hätte, dass kaum ein Bleistift durchpassen würde. Er riet mir, einen Termin im Krankenhaus zur Darmspiegelung zu vereinbaren. Dort hätte man andere Untersuchungsgeräte, mit denen man an dieser Engstelle vorbeikäme. Er meinte, zudem wäre zu überdenken, ob man noch einmal eine Weitung der Engstelle vornimmt. Dies sollte ich alles mit dem Arzt vor Ort besprechen. Von dieser Nachricht war ich – wie Du Dir sicher vorstellen kannst – alles andere als begeistert. Die nächsten Wochen wollte ich erst mal nichts von Darmspiegelungen wissen!

Doch die Beschwerden ließen nicht nach. Im Gegenteil, ich hatte den Eindruck, dass es immer schlimmer wurde. Ich fasste mir ein Herz und machte einen Termin aus. Mein Hausarzt war so nett und telefonierte mit dem Arzt im Krankenhaus, um ihm die besondere Situation zu erklären. So ging ich Mitte Oktober in die Ambulanz und nach einem sehr ausführlichen Vorbereitungsgespräch, in dem uns der Arzt auch das Risiko der Darmperforation nannte, verließ ich die Sprechstunde – ausgerüstet mit Abführmitteln und einem guten Plan. Ein guter Plan ist schon die halbe Miete. Wir hatten vereinbart, dass ich mich für zehn Tage vor dem vorbereitenden Abführen für die Darmspiegelung flüssig ernähren sollte, dann würde die Engstelle leichter passierbar sein.

Marcel war mit der Schulklasse für ein paar Tage in Berlin. Genau in dieser Zeit überstürzten sich die Ereignisse: Ich bekam nachmittags plötzlich extreme Schmerzen in der rechten Seite und legte mich aufs Sofa, aber das machte es nur schlimmer. Also stand ich wieder auf. Ich hatte den Kindern versprochen, zur Leihbücherei zu fahren, was wir dann auch taten. Dem Bibliothekar fiel auf, dass es mir nicht gut ging und fragte, ob er mir irgendwie helfen könne. Mittlerweile hatte ich die Vermutung, dass die Schmerzen von der Niere kamen. Ich hatte einige Jahre zuvor mal eine Nierenbeckenentzündung gehabt und das fühlte sich jetzt so ähnlich an. So bat ich den Bibliothekar, beim Urologen anzurufen, aber der hatte leider schon geschlossen. Also fuhr ich zu meinem Hausarzt. Der stellte im Ultraschall einen Nierenstau fest und meinte, ich müsse sofort in die Klinik. Ich sagte, dass das nicht ginge, da ich mit den Kindern allein sei. Also gab er mir Schmerzmittel und entkrampfende Mittel mit und vorsorglich einen Einweisungsschein, falls ich es in der Nacht nicht mehr aushalten sollte. Aber spätestens am nächsten Morgen sollte ich mich in der Urologischen Klinik vorstellen. Gut versorgt fuhren wir nach Hause – in ein dunkles Zuhause, denn die Sicherung war herausgeflogen! Wie wir später feststellten, lag es am defekten Kühlschrank. Ich dachte nur: *Da ist mein Mann einmal nicht da und dann passiert so was alles!* Ich rief meine Schwiegereltern zu Hilfe, und auch wenn sie nicht wirklich etwas machen konnten, war ich einfach froh, dass sie da waren. Mein Schwiegervater ist ein sehr ruhiger Mann und brachte durch seine Art auch jetzt Ruhe in die Situation und meine Gedanken. Wir räumten den kaputten Kühlschrank aus, meine Schwiegermama machte Abendessen und für den nächsten Morgen verabredete ich mich mit meinem Schwiegervater, der mich in die Klinik fahren sollte, um abzuklären, was wegen des Nierenstaus zu tun sei. Ich saß mit Lena und Felix bei uns im Ehebett, um mit ihnen eine Geschichte aus der Bibel zu lesen und zu beten. Ich kämpfte ganz schön mit den Schmerzen und als wir Gebetsanliegen sammelten, meinte Felix: »Mama, lass uns doch beten, dass das an der Niere wieder weggeht. Es ist doch von allein gekommen, kann es da nicht auch von allein weggehen?« Tja, was sollte ich dazu sagen? Wir beteten, auch wenn ich mir keinen Erfolg versprach. Aber zu meiner großen Überraschung wurde es schnell besser. *Wie beschämend!*, dachte ich. Da habe ich schon so vielen Menschen gesagt, dass Gott immer alle Möglichkeiten hat, um zu helfen und zu heilen und jetzt mussten mich meine Kinder daran erinnern, dafür zu beten.

Am nächsten Morgen setzte ich die beiden in den Schulbus und fuhr dann mit meinem Schwiegervater in die Klinik. Vor Ort machte man einige Untersuchungen und stellte fest: NICHTS. Kein Nierenstau! Hätte ich nicht das Ultraschallbild vom Vorabend dabeigehabt, hätte man mir gar nicht geglaubt, dass da etwas gewesen war. Der Arzt in der Klinik meinte, es sei ihm vollkommen unerklärlich, wie ein solch massiver Nierenstau ohne jegliche Therapie über Nacht verschwinden könne, aber es sei nicht zu leugnen. Die Kinder und ich wussten, wie das geschehen konnte: Es gibt einen, der immer und zu jeder Zeit helfen kann. Was für eine schöne Erfahrung – wieder einmal! Ich fuhr mit meinem Schwiegervater froh und erleichtert nach Hause. Am Nachmittag holten wir Marcel am Bahnhof ab. Gut, dass er wieder da war!

Keine Besserung

Die Tage der Flüssigernährung waren um, jetzt ging es ans Abführen. Nach der Erfahrung vom vergangenen April richtete ich mir mein Nachtlager auf der Couch im Wohnzimmer ein. Es reichte ja, wenn einer von uns beiden die ganze Nacht nicht schlafen konnte. Es war furchtbar, ich fühlte mich schrecklich und merkte, dass es nicht gut klappte. Der Darm wurde nicht richtig sauber. Am nächsten Morgen erfolgte die Darmspiegelung mit mäßigem Erfolg. Wie zu erwarten war der Darm noch so verunreinigt, dass man die Schleimhaut kaum beurteilen konnte. Die Engstelle konnte etwas aufgeweitet werden, insgesamt war die Situation aber nicht zufriedenstellend. Deshalb schlug mir der Arzt vor, in Kürze noch mal eine Spiegelung zu machen. Ich stöhnte laut und ich glaube, er bekam Mitleid mit mir, denn er meinte, er könnte es stattdessen auch gleich morgen, ganz früh vor der Sprechstunde, machen. Jetzt war ich schon mal so weit mit dem Abführen, dass der Arzt vorschlug, ich sollte heute Nachmittag und Abend noch einmal etwas von dem Abführmittel trinken, denn durch die Aufweitung der Engstelle sollte das Abführen jetzt deutlich besser gehen. Also gut. Die Alternative war ja auch nicht wirklich besser. Also ging es wieder auf mein Nachtlager im Wohnzimmer und erneut zur Darmspiegelung.

Diesmal klappte es einigermaßen, aber ich war vollkommen erledigt. Ich hatte ja zwei Nächte mit Schüttelfrost auf der Toilette verbracht. Erschöpft und froh, diese Aktion hinter mir zu haben, fiel ich zu Hause in mein Bett. Endlich konnte ich schlafen, der Darm war ja leer. Doch ein paar Stunden später wachte ich mit heftigen Bauchschmerzen auf. Ich rief meine Schwiegereltern an und mein Schwiegervater fuhr mich zurück ins Krankenhaus. Es wurden einige Untersuchungen durchgeführt, bei denen, abgesehen von viel Luft in Magen und Darm, nichts festgestellt werden konnte. Ich bekam eine Infusion, da ich bislang weder gegessen noch getrunken hatte, Schmerzmittel, entkrampfende Medikamente und etwas gegen die viele Luft. Gegen Abend fuhr ich wieder nach Hause, in der Hoffnung, dass es nun besser würde. Aber irgendwie wurde es nicht besser, ich schlief kaum und quälte mich durch den nächsten Tag. Mein armer Mann versuchte wirklich alles: Fenchel-Kümmel-Anis-Tee (noch so ein Unwort), Zwieback und Bauchmassage (die ich aber gar nicht aushalten konnte). Er zerrte mich aus dem Bett und wir liefen die Treppe hoch und runter. Irgendwie musste die Luft doch weg! Es ging mir immer elender und mein Mann bekam Angst. Er fragte mich für seine Verhältnisse sehr energisch: »Mausi, ich muss jetzt wissen, ob du das schaffst oder nicht!«

»Mhmm …« Ich überlegte und hatte keine Ahnung. Also betete ich, um Gott zu fragen und ihn um Hilfe zu bitten. Da kam es mir in den Kopf: *Nein, das schaffst du nicht.*

So eine prompte und eindeutige Antwort hatte ich noch nie erhalten. Nachdem Marcel mir Fieber gemessen hatte und die Temperatur tatsächlich leicht erhöht war, rief er den Krankenwagen und meine Schwiegereltern.

Im Krankenhaus angekommen, wurden weitere Untersuchungen gemacht, bei denen man Hinweise darauf fand, dass der Darm perforiert[21] war. Ich wurde direkt operiert und bekam einen künstlichen Darmausgang. Es war Freitag, der 10. November 2017. Am nächsten Morgen ging es mir endlich verhältnismäßig gut. Ich saß froher Dinge in meinem Bett auf der Intensivstation und hatte viel Freude mit dem netten Personal. Auch die Ärztin, die mich in der Nacht zuvor operiert hatte, kam und sah nach mir. Sie war mit dem aktuellen Zustand sehr zufrieden. Am Montag wurde ich auf die Normalstation verlegt. Alles ging gut, außer dass mein Darm irgendwie nichts ausschied. Ich dachte, es läge daran, dass ich nicht so viel essen konnte und die Tage zuvor die Darmspiegelung gewesen war, für die ich den Darm leeren musste. Außerdem kannte ich das mit dem lahmen Darm nach Operationen ja schon. Also warteten wir.

Am 15. November 2017 bekam ich innerhalb kürzester Zeit Fieber. In einem Zeitraum von zwei Stunden stieg meine Temperatur auf vierzig Grad an. Ich kam wieder in den OP. Dort wollte man im Bauchraum nachsehen, ob man die Ursache für das Fieber finden konnte. Auch die »Durchgängigkeit« des künstlichen Darmausganges wollte man überprüfen. Man vermutete eine Bauchfellentzündung, verursacht durch die Darmperforation, was sich aber nicht bestätigte. Auch das Stoma war durchgängig. Es stellte sich heraus, dass das Fieber durch eine Portsepsis[22] verursacht wurde. Also entfernte man den Port, der mich die letzten zehn Jahre meines Lebens begleitet hatte. Ich bekam ein

21 Als Perforation wird ein Loch oder mehrere in einer Struktur bezeichnet.

22 Blutvergiftung, die durch den Port, also den dauerhaften Venenzugang, verursacht wird.

entsprechendes Antibiotikum und es ging mir tatsächlich recht schnell besser. Das Fieber verschwand und ich wurde wieder mobiler, mein Darm leider nicht. Täglich hoffte ich, dass es besser würde. Ich betete um Linderung, um Besserung, um Bewegung im Darm, aber nichts geschah.

Ich war manchmal total fertig und zutiefst bedrückt, aber trotzdem merkte ich, dass Gott mich trug und mir täglich nahe war. Auch wenn sich an der Situation nichts änderte, merkte ich, dass es in mir anders wurde, wenn ich betete, dass er mir Kraft gab, sodass ich es wieder aushalten konnte.

»An dem Tag, als ich rief, antwortetest du mir;
du hast mich ermutigt: In meiner Seele war Kraft.«
(Psalm 138,3)

Am Rand des Abgrunds

Die Tage vergingen, Visiten kamen und gingen – immer mit dem Hinweis, ich solle mich bewegen. »Einen Gaul, der Koliken hat, den führt man in der Box umher«, war ein typischer Satz, den ich immer wieder hörte. Wir versuchten unser Möglichstes. Ich betete Tag für Tag um Besserung, aber es tat sich nichts. Mein Darm wollte einfach nicht in die Gänge kommen. Mein Bauch wurde immer dicker, ich sah aus, als sei ich im neunten Monat schwanger. Marcel gab sein Bestes. Sobald er da war, zerrte er mich aus dem Bett und wir liefen den Stationsflur Runde um Runde ab. Ich hatte das Gefühl, jeder kannte uns, denn wem auch immer wir bei unseren Runden begegneten – Ärzten, Schwestern, Personal –, jeder hatte ein freundliches und aufmunterndes Wort für uns. Meine Schwester kam vor Dienstbeginn (sie arbeitet als Hebamme im selben Krankenhaus) und versuchte es mit einer Baby-Bäuchlein-Massage, für die sie Kümmelöl verwendete. Das hat gestunken! Aber irgendwann ist man an einem Punkt, an dem man nahezu alles versucht. Leider hatte all unser Bemühen nur sehr mäßigen Erfolg. Ich fühlte mich immer schlechter und elender, konnte kaum noch etwas essen, und selbst das Trinken wurde beschwerlich.

Fenchel-Kümmel-Anis-Tee – es kam mir schon hoch, wenn ich den nur roch! Immer wieder dachte ich daran, wie lange es nach der letzten Lungenoperation gedauert hatte, bis der Darm wieder anfing zu arbeiten und hoffte auch diesmal darauf, dass es irgendwann besser werden würde.

Mittlerweile bekam ich meine Ernährung per Infusion, um nicht ganz schwach zu werden. Ich behielt kaum etwas bei mir, mal abgesehen von ein wenig Wassereis. Um mich etwas zu entlasten, legte man mir wieder einmal eine Magensonde. Dann kam Donnerstag, der 30. November 2017. Ich fühlte mich so elend und schwach und war so traurig, dass ich bei meinem Hausarzt in der Praxis anrief, weil ich dachte, er könne von außen vielleicht noch eine andere Idee einbringen. So telefonierte er mit dem behandelnden Chefarzt und es wurde eine Kontrastmitteluntersuchung gemacht. Am späten Nachmittag kam der zuständige Oberarzt, um uns das Ergebnis mitzuteilen. Wie gut, dass Marcel da war! Ich weiß nicht mehr viel von diesem Gespräch. Der Arzt meinte, die Bilder seien eine mittlere Katastrophe. Das Kontrastmittel wäre kaum über den Magen hinausgekommen und er würde uns gern seine Hilfe anbieten. Ich wollte wissen, wie die denn aussehen solle, und als er meinte, das wäre eine erneute OP, da sträubte sich in mir alles. Ich sagte ihm, dass ich das für überhaupt nicht hilfreich hielte. Er wandte sich dann an meinen Mann und versuchte sehr freundlich und sachlich, seine Sicht der Dinge zu erläutern. Aus medizinischer Sicht gebe es keine andere Option: Ein Darmverschluss sei nur operativ zu heilen. Ich sagte, dass ich darüber erst beten müsse und dass alle bitte das Zimmer verlassen sollten. Mein Mann betete mit mir, aber was ich da zusammenstammelte, waren gar keine ordentlichen Sätze mehr.

Dann kam es mir deutlich in den Kopf: *Du musst das machen, und zwar jetzt sofort!*

Wir riefen den Arzt zurück und dann ging alles sehr schnell. Es war kurz vor fünf, als Marcel und ich uns verabschiedeten. Eine knappe halbe Stunde später befand ich mich in der Schleuse zum OP – zu meiner eigenen Überraschung völlig angstfrei und total unaufgeregt. Vielleicht lag es daran, dass mir schon alles egal war, weil es mir so elend ging, aber ich glaube eher, dass Gott da gewirkt hat.

Diese Operation war ziemlich anstrengend für die Ärzte und auch für meinen Körper. Mein Dünndarm war total verdreht und mit der Bauchdecke verwachsen. Es dauerte einige Stunden, bis alles gelöst war. Um mich zu schonen und den Heilungsprozess nicht zu erschweren, verlegte man mich in den sogenannten »künstlichen Schlaf«. Das ist ein kein schöner Zustand, und ich hatte schreckliche Alpträume.

Wer kämpft hier? – Marcel erzählt

Nachdem wir uns verabschiedet hatten, packte ich die Sachen aus dem Zimmer zusammen, da Stephanie nach der OP sicherlich erst einmal auf die Intensivstation kommen würde. Ich rief meine Eltern an, informierte sie über die bevorstehende OP und teilte ihnen mit, dass ich jetzt auf dem Heimweg sei und sie die Kinder nach Hause bringen könnten.

Es wurde ein langer Abend. Nach dem Abendbrot machten die Kinder sich bettfertig. Wir beteten zusammen für die OP, um Weisheit für die Ärzte und für einen erfolgreichen Eingriff. Nachdem die Kinder im Bett lagen und wir noch keinen Anruf aus dem Krankenhaus erhalten hatten, nutzen wir die Zeit, um immer wieder für die OP und die Ärzte zu beten. Das Einzige, was wir tun konnten, war, Gott die Dinge anzuvertrauen, der ja über allem wacht. Ich informierte einige Geschwister aus der Gemeinde über WhatsApp und bat um Gebetsunterstützung. Dass sie mir versicherten, sie würden beten, machte mich ruhig und gab mir die Gewissheit, alles Menschenmögliche getan zu haben und es dem Gott abgegeben zu haben, der allein die Macht über Leben und Tod hat.

Die Stunden gingen dahin, doch immer noch kam kein Anruf aus dem Krankenhaus. Meine Mutter wurde schon ungeduldig. »Vielleicht haben sie vergessen anzurufen …«

Ich versicherte ihr, dass der Chirurg mir persönlich zugesagt habe, dass er mich nach der OP über den Verlauf informieren würde. Weitere Zeit verging. In regelmäßigen Abständen beteten wir gemeinsam für die Sache und warteten. Es war 23:30 Uhr, als endlich das Telefon klingelte. Am Ende der Leitung meldete sich zu meinem Erstaunen der Chefarzt der Chirurgie, und nicht der Oberarzt. Er erklärte mir, dass die OP erfolgreich verlaufen sei, dass sie aber sehr schwierig gewesen war, sodass der operierende Chirurg ihn im Laufe des Abends zur OP hinzugebeten hätte. Der Gesundheitszustand meiner Frau sei kritisch. Der Darm sei an mehreren Stellen durch Verwachsungen verdreht und abgeschnürt gewesen. Sie hätten alles lösen und den Darm wieder in Position bringen können. Jetzt müsse man abwarten. Meine Frau sei ins künstliche Koma gelegt worden, damit der Bauch entlastet sei und sie nicht gegen die Schmerzen und den Bauch arbeiten würde. Ich solle ihn nach der Visite am nächsten Tag anrufen, dann könne er mir Weiteres über ihren Zustand mitteilen. Ich bedankte mich für die Informationen und beendete den Anruf. Mir schoss es durch den Kopf: *Die Situation ist ernst! Aber Gott ist derjenige, der Macht über Leben und Tod hat. Wir wollen ihm vertrauen, weil er uns liebt und weil er keine Fehler macht, sondern das Beste für uns will.*

Mich erreichte eine Textnachricht von einer Teilnehmerin unserer Jugendgruppe, die mir folgenden Bibelvers schickte:

»Der HERR wird für euch kämpfen, und ihr werdet still sein.«
(2. Mose 14,14)

Das gab mir Kraft und Zuversicht. Ich konnte ja nichts tun, außer mein Anliegen vor Gott zu bringen und abzuwarten. Doch zu wissen, dass er alle Macht hat und dass er für Stephanie und unsere Familie kämpft, war beruhigend.

Am nächsten Tag rief ich den Chefarzt an, um mich über den Zustand meiner Frau zu informieren. Mir wurde mitgeteilt, dass er stabil, aber weiterhin ernst sei. Er sagte mir, er könne »keine rosa Wölkchen an den Himmel malen«. Wir müssten weiter abwarten. Ich erkundigte mich, wann ich meine Frau besuchen könne, und vereinbarte einen Termin gegen Abend. Als ich auf die Intensivstation kam, wurde mir klar: So schlimm wie diesmal war es vorher noch nie. Die Überwachungsgeräte gaben hin und wieder Signale von sich, die mich zeitweise beunruhigten. Stephanie hatte ein aufgequollenes Gesicht und aufgequollene Hände. Eine Intensivschwester versorgte meine Frau und unterhielt sich mit mir. Sie drängte darauf, ein Gespräch mit dem zuständigen Arzt zu führen. Ich erklärte ihr, dass ich am Morgen mit dem Chefarzt telefoniert hätte. Nach einiger Zeit kam meine Schwägerin hinzu. Wir saßen eine Weile am Bett von Stephanie, als ein Arzt kam und uns zu einem Gespräch in einen anderen Raum bat.

Der Arzt berichtete über den Zustand und die Vorgehensweise und machte uns deutlich, dass die Lage sehr ernst sei. Er erklärte uns, dass Stephanie während der OP Organversagen gehabt hatte und momentan die Nieren nicht arbeiten würden. Außerdem seien sie medikamentös schon am obersten Level angelangt – auf Deutsch: Sie wüssten nicht, ob meine Frau die Nacht überleben würde, da sie sehr viele Medikamente bekomme und sich ihr Zustand nicht verbessere. Meine Schwägerin und ich sahen uns an und wussten, dass die Situation nicht nur ernst, sondern äußerst ernst war.

Zurück am Bett meiner Frau verabschiedete ich mich wie üblich: »Tschüss, mein Schatz.« Ich musste los, um die Kinder von der Jungschar abzuholen. Meine Schwägerin blieb noch. Auf dem Weg zum Auto schossen mir viele Gedanken durch den Kopf: *Auch wenn die Ärzte nicht wissen, ob meine Frau die Nacht überlebt, Gott weiß es. Er sieht uns. Er hat alles in seiner Hand. Er kämpft für uns. Stephanie ist sein Kind und er entscheidet über Leben und Tod.* **Mein Gebet war: »Herr, sie ist dein Kind. Wirke du so, wie du es willst. Ich will dir vertrauen.«**

In meiner Not war mir klar, dass ich so jetzt nicht meine Kinder von der Jungschar abholen konnte. Ich hatte noch etwas Zeit und beschloss, auf dem Weg zur Jungschar bei Freunden aus der Gemeinde vorbeizufahren und mit ihnen gemeinsam für die Sache zu beten. Beten, das war das Einzige, was ich jetzt tun konnte. Ich wollte dem Herrn mein Anliegen bringen. Als ich dort ankam, berichtete ich kurz von dem Gespräch im Krankenhaus. Wir knieten nieder und beteten, dass Gott nach seinem Willen handeln sollte.

Das gemeinsame Gebet tat mir gut. Es gab mir Kraft und die Gewissheit, dass Gott alles in seiner Hand hat. Ich verabschiedete mich und fuhr zur Jungschar, um unsere Kinder abzuholen. Die Lage war sehr ernst, aber ich wollte den Kindern noch nichts sagen. Ich versuchte zu funktionieren, auch wenn mir anders zumute war. Ich vermied es, beim Abholen mit jemandem über Stephanies Gesundheitszustand und das Arztgespräch zu reden. Das war, wie mir später berichtet wurde, auch nicht nötig, da mein Gesichtsausdruck alles verriet. Ich nahm die Kinder und fuhr nach Hause. Gleichzeitig war mir klar, dass ich meine Eltern über die Situation informieren musste. Ich schickte die Kinder erst mal nach oben, um sich bettfertig zu machen. Währenddessen rief ich meine Eltern an. Ob sie mich überhaupt verstanden haben, weiß ich nicht, denn meine

Stimme versagte. Ich hörte nur, wie meine Mutter am anderen Ende des Hörers sagte, dass sie auf dem Weg zu mir seien. Nachdem die Kinder Abendbrot gegessen hatten und im Bett lagen, saßen wir noch zusammen und ich berichtete von dem Arztgespräch. Wir beteten zusammen und befahlen Stephanie und uns als ganze Familie Gott an. Meine Mutter meinte, ich müsse die Kinder über die Sache aufklären. Ich sagte ihr, dass ich mir das für den nächsten Morgen vornehmen wollte. Dann fuhren meine Eltern nach Hause und ich versuchte zu schlafen.

Die Nacht der Nächte

An Schlaf war nicht zu denken. Ich lag gefühlt die ganze Nacht wach und kämpfte mit Schüttelfrost. Da ich nicht schlafen konnte, überlegte ich, wie ich die Kinder über den Zustand ihrer Mutter aufklären könnte. Immer wieder betete ich zu Gott und bat ihn um seine Führung und um sein Handeln. Was ich zu dem Zeitpunkt noch nicht wusste, war, dass ich mich in dieser Nacht nicht allein im Gebetskampf befand. Wie sich später herausstellte, hatte mein Zwischenstopp vor der Jungschar bei den Freunden aus der Gemeinde dazu geführt, dass alle zusammengerufen wurden, um gemeinsam für uns zu beten.

Es wurde die Nacht der Nächte. Unsere Freunde trafen sich abends und einige beteten bis früh in den Morgen hinein.

Am Samstagmorgen ging ich zuerst zu meiner Tochter ins Kinderzimmer und berichtete ihr von Stephanies Gesundheitszustand und dem Arztgespräch. Sie fing an zu weinen. Ich versicherte ihr, dass Gott alles in seiner Hand hält, dass er für uns sorgt und dass er Mama gesund machen kann. Wir beteten gemeinsam für die Situation und um Gottes Hilfe. Einige Zeit später wurde auch Felix wach und wir verabredeten uns auf dem Sofa zu einem

Gespräch. Nachdem ich auch ihm alles erzählt hatte, beteten wir zu dritt nochmals. Gegen Mittag rief ich im Krankenhaus an, um mich nach Stephanies Befinden zu erkundigen. Der Chefarzt sagte mir, dass die Lage stabil sei und nicht mehr so düster wie am Tag zuvor, aber er »könne mir den Himmel auch noch nicht bunt malen«. Wir mussten weiter abwarten.

Am Sonntagmorgen hatte ich mich mit dem Chefarzt nach der Visite im Krankenhaus verabredet. Da ich die Kinder nicht mitnehmen wollte, rief ich bei einer Freundin an und bat sie, während des Gottesdienstes auf die Kinder aufzupassen. Der Mediziner berichtete mir, dass sich Stephanies Gesundheitszustand deutlich verbessert hatte. Mir fiel ein Felsbrocken vom Herzen! Er sagte: »Die Wolken werden langsam rosa am Himmel.« Das weitere Vorgehen sei so geplant, dass Stephanie im Laufe der nächsten Woche aus dem künstlichen Schlaf geholt werden solle. Er gab mir zu verstehen, dass es gut sei, wenn ich dann dabei wäre. Ich versicherte ihm, dass das kein Problem sei und ich es mir einrichten könne. Nach dem Gespräch fuhr ich deutlich erleichtert und dankbar zurück in die Gemeinde.

Ich kam am Ende des Gottesdienstes an. Alle waren gerade am Beten. Ich reihte mich ins Gebet ein und dankte laut für Gottes Wirken und Eingreifen. Nach dem Beten war in allen Gesichtern eine deutliche Erleichterung zu sehen. Sie berichteten von der Gebetsnacht und waren sehr dankbar für Gottes Eingreifen.

Am Nachmittag fuhr ich wieder ins Krankenhaus, nachdem ich die Kinder bei meinen Eltern abgegeben hatte. Kurze Zeit später kamen Christina, Stephanies Schwester, ihr Bruder Tobias, der gerade aus einem Auslandseinsatz der Bundeswehr zurückgekehrt war, und ihr Vater Uwe zu Besuch. Ich berichtete ihnen von dem Arztgespräch und dem bevorstehenden Plan. Wir verabschiedeten uns vor dem Krankenhaus und ich holte die Kinder bei meinen Eltern ab.

Am nächsten Morgen fuhr ich die Kinder in die Schule, erstellte den Vertretungsplan an meiner Schule und fuhr anschließend ins Krankenhaus. Im Laufe des Morgens erreichte mich eine WhatsApp-Nachricht: »Habe eine Freistunde und bete für euch.« Das war sehr ermutigend für mich.

Die Ärzte und Schwestern erklärten mir den Ablauf und waren damit beschäftigt, alle Vorbereitungen zu treffen, um Stephanie aus dem künstlichen Koma zu holen und sie zu extubieren. Ein Arzt erklärte mir, dass es mehrere Tage dauern könne, bis die »Schlafgase« im Körper abgebaut seien. In dieser Zeit wäre meine Frau in einem wirren Zustand. Es wäre deshalb wichtig, dass sie ein bekanntes Gesicht sehen würde und ich beruhigend auf sie einreden würde, damit sie entspannt bliebe und die Operationsnarbe nicht aufgehe. Als der Arzt dies sagte, dachte ich, Stephanie würde vielleicht nur ein bisschen wirr sein, aber das würde sicherlich schnell wieder vergehen. Doch die Wahnvorstellungen waren sehr heftig. Meine Frau hatte Probleme, mich zu erkennen, außerdem sah sie immer wieder Dinge auf sich zukommen, die ihr Angst machten. Das konnte man an ihrem steigenden Blutdruck und deutlich erhöhten Puls erkennen. Ich versuchte immer wieder, beruhigend mit ihr zu sprechen und las ihr einige Stellen aus der Bibel vor. Gegen 13 Uhr musste ich die Kinder von der Schule abholen, um nach dem Mittagessen wieder ins Krankenhaus fahren zu können.

Stephanie litt immer noch an den Wahnvorstellungen. Ich las meiner Frau einige Passagen aus der Bibel vor, was sie beruhigte. Gegen Abend kam meine Schwägerin, und ich fuhr nach Hause. In dieser Nacht hatte es mich erwischt: Magendarminfekt. Am

Morgen klingelte das Telefon: »Herr Himmelmann, Sie müssen dringend ins Krankenhaus kommen, Ihre Frau randaliert, und wir wissen uns nicht mehr zu helfen.« Ich erklärte der Schwester, dass ich mit einem Magendarminfekt im Bett läge, aber jemand Bekanntes vorbeischicken würde. Ich rief bei meiner Schwägerin an, doch die hatte am Vorabend einen Autounfall gehabt und konnte nicht ins Krankenhaus fahren. Sie wollte aber ihren Bruder anrufen.

Als sich einige Zeit später mein Schwager meldete, und sagte, dass alles in Ordnung sei, war ich erleichtert. Aus Sicherheitsgründen blieb ich auch am Mittwoch noch zu Hause.

Am Mittwochnachmittag erreichte mich eine Textnachricht von meinem Schwager mit dem Satz: »Hallo, mein lieber Struppi.« Da wusste ich, dass diese Nachricht von meiner Frau war und dass es ihr bedeutend besser gehen musste. Ich war sehr erleichtert und habe ungefähr tausend Dankgebete zum Himmel geschickt!

Während du schliefst – Stephanies Schwester erzählt

Meine Schwester fragte mich, ob ich kurz etwas darüber schreiben könnte, wie es mir erging, als sie im künstlichen Koma lag.

»Klar!«, sagte ich. Aber als ich mich hinsetzte und damit anfing, merkte ich schnell, dass es mir doch schwerfällt, das alles auf Papier zu bringen. Das liegt sicher an der schmerzlichen Erinnerung, aber auch den Emotionen, die dabei hochkommen.

30. November 2017, circa 16:30 Uhr:

Meine Schwester rief mich an, um mir mitzuteilen, dass sie noch einmal operiert werden muss. Ganz ruhig wirkte sie dabei.

»Ja, ist gut. Marcel soll anrufen, wenn alles vorbei ist!«, konnte ich noch sagen. Es war nur ein kurzes Telefonat. Doch die Zeit des Wartens danach war lang und kam mir wie eine Ewigkeit vor. Immer wieder schickte ich Stoßgebete gen Himmel. Ich war dankbar, dass der Alltag mit unseren drei Jungs mich etwas ablenkte.

Am nächsten Morgen fuhr ich, nachdem ich unsere Kinder verteilt hatte, ins Krankenhaus. Es war gegen 10:00 Uhr. Das ist eigentlich eine gute Zeit, um einen Arzt zu erwischen. »Abwarten und Geduld haben«, sagten die Ärzte aber nur.

Stephanie lag anfangs noch allein im Zimmer und so konnte ich sehr frei mit ihr sprechen. Ich las meiner Schwester ihren Lieblingspsalm vor und die tägliche Andacht. Ich erzählte ihr von meinem chaotischen Familienalltag und was unsere Mama in dieser Situation gesagt hätte ... Sie ist stets eine Optimistin gewesen und hat immer versucht, das Positive zu sehen, wie Du ja schon gelesen hast.

Am 2. Dezember wollte ein Arzt mit Marcel und mir sprechen. Er war sehr deutlich mit dem, was er sagte: Stephanies Organe fingen an, zu versagen. Die Nieren arbeiteten schlecht und der Körper lagerte immer mehr Wasser ein. Die Nacht würde kritisch werden und wir sollten uns auf alles gefasst machen. Da saßen wir nun und mir kamen die Tränen. Meine Schwester tat mir so leid. Auch die Kinder und Marcel. Was hatten sie die letzten Jahre gekämpft und durchgemacht! Und jetzt so etwas? *Was machst du da, Gott?*

Marcel gab mir sein Handy. Er hatte eine Nachricht von einem Mädchen aus unserer Gemeinde bekommen. Sie schrieb ihm den Bibelvers:

»Der HERR wird für euch kämpfen, und ihr werdet still sein.«
(2. Mose 14,14)

In diesem Moment sprach Gott auch zu mir durch diesen Vers. Ich konnte meine Schwester ganz in Gottes Hände geben. Er hatte einen Plan mit ihr und er würde nur das Beste für sie und ihre Familie im Sinn haben! Er würde kämpfen – und das Richtige tun.

In dieser Nacht ließ ich das Telefon an meinem Bett liegen und war morgens so dankbar, dass es nicht geklingelt hatte!

Am nächsten Tag war Sonntag, der 3. Dezember. Morgens im Gottesdienst betete die ganze Gemeinde für meine Schwester und während wir sangen, nahm ich eine Tonaufnahme mit meinem Handy auf, um es Stephanie im Krankenhaus später vorspielen zu können. Abends habe ich sie noch mal besucht. Ich half, sie zur Nacht fertig zu machen und habe ihr die Füße und Beine massiert, um das Wasser herauszustreichen. Die Schwestern und Pfleger waren alle sehr nett und sagten, dass Stephanies Zustand weiter stabil sei und dass sie morgen entscheiden wollten, ob sie sie aus der Narkose aufwecken würden …

Aufwachen

Montag, 4. Dezember: Man weckte mich aus dem künstlichen Koma auf. Ich befand mich mitten in einem Durchgangssyndrom, was kein schöner Zustand ist. Ich war total wirr und hatte irre Wahnvorstellungen, von denen ich einerseits total überzeugt war, dass sie real waren und andererseits genau wusste, dass sie nicht wahr sein konnten.

Dienstag, 5. Dezember: Meine Unruhe war so extrem, dass das Krankenhauspersonal schon Angst um mich hatte. Um mich vor Dingen zu schützen, die ich nur in meinem Wahn wahrnahm, fuchtelte ich so mit den Armen herum, dass sie dachten, ich würde mich jeden Augenblick verletzen. Unter keinen Umständen sollte ich mir auf den Bauch schlagen. Also riefen sie Marcel an und baten ihn zu kommen, um beruhigend auf mich einzuwirken. Mein Bruder Tobi hatte mich schon während des künstlichen Komas besucht. Auch jetzt kam er, stellte sich tapfer an mein Bett und gab sein Bestes, um mich zu beruhigen, was ihm auch gelang. Er erzählte mir Geschichten von früher, als er noch ein kleiner Junge war. Er ertrug es sehr geduldig, dass ich ständig dasselbe fragte (z. B. wo Marcel bliebe und warum er mich nicht besuche) und las mir meine Lieblingsstelle aus der Bibel vor: Psalm 121 – wieder und wieder und wieder. Immer, wenn er fertig war, sagte ich im Befehlston: »Noch mal!» Der Psalm beruhigte mich. Nicht nur, dass ich meine Arme still hielt, auch der Puls wurde ruhiger.

Tobi blieb rund um die Uhr bei mir und ich ließ ihn aufgrund meiner Wahnvorstellungen für achtzehn Stunden weder sitzen noch liegen. In meinen irren Vorstellungen dachte ich, dass es mir Druck auf den Bauch mache, wenn er sich hinsetzte. So als würde er sich direkt auf meinen Bauch setzen.

Das Pflegepersonal hatte Mitleid mit meinem Bruder. Der Pfleger im Nachtdienst, den ich in der Nacht zuvor enorm gefordert hatte, war sehr dankbar, dass Tobi mich »so gut im Griff hatte« und mich so ruhig hielt. Er rief die diensthabende Anästhesistin, um mir etwas zum Schlafen und gegen die nicht enden wollenden Schmerzen zu verordnen. Sie fragte mich: »Frau Himmelmann auf einer Skala von eins bis zehn – wie stark sind Ihre Schmerzen?«

»Fünfzehn!«, war meine Antwort.

»Oh«, sagte sie, »da haben wir ja deutlichen Handlungsbedarf! So darf das auf keinen Fall bleiben.« Sie stellte etwas zusammen, das ich über den Schmerzkatheter im Rücken bekam, das zwar meine Beine etwas lahmlegte, aber dafür hatte ich im Bauch einigermaßen Ruhe. Und auch ein Medikament zum Schlafen wurde mir per Infusion angehängt. So bekamen mein Bruder und ich schließlich etwas Schlaf.

Ich weiß, dass sehr viele Menschen, die ich teilweise gar nicht kannte, für mich und uns gebetet haben. Eine Frau aus der Röntgenabteilung, bei der ich während des Krankenhausaufenthaltes mehrfach zur Untersuchung war, kam und berichtete mir von ihrer Tochter, die eine christliche Gemeinde (ca. eine Stunde entfernt) besuchte, wo auch für mich gebetet wurde. Auch die Gemeinde meines Schwagers betete für uns, Freunde in Marburg beteten für uns, sogar in Österreich hatte man für uns gebetet! Gott beschenkte mich, indem er mich davon wissen ließ.

Ich war wirklich beeindruckt von Gott. Ich wusste, dass es überall auf der Welt Menschen gab, die zu Gott gehören, aber dass er sie im richtigen Moment mobilisierte, um gebündelt für uns zu beten, ließ mich über seine Größe und unbegrenzten Möglichkeiten staunen. Noch viel mehr wunderte es mich, dass er sich hat bitten lassen und tatsächlich zu meinem Wohl eingegriffen hat.

In meinem Kopf stelle ich mir das wie auf einer Straßenkarte vor: Überall verlaufen einzelne Straßen. Teilweise sieht das wirr, ungeordnet und irgendwie durcheinander aus. Doch dann gibt es *einen* Punkt, an dem alles zusammenläuft: Das ist bei Gott. Vor ihn hatten uns alle im Gebet getragen.

Ich kam durch dieses Durchgangssyndrom und wurde nach einigen Tagen wieder auf die Normalstation verlegt. Zu meiner großen Freude fing mein Darm an, zu arbeiten. Auch die Ärzte freuten sich mit mir. Langsam durfte ich wieder anfangen zu essen, was gar nicht so einfach war. Nach jedem Essen hatte ich Schmerzen, ich verspürte auch gar keinen Appetit. Um jedoch zu Kräften zu kommen, brauchte ich Nahrung und Nährstoffe. Im Moment aber konnte ich mich nicht einmal allein im Bett herumdrehen! Daran arbeiteten wir – täglich kam ein Krankengymnast und machte Übungen mit mir. Und dann war da natürlich noch mein Mann. Der holte mich immer aus dem Bett, um mit mir unsere altbekannten Runden über den Flur zu gehen. Wie froh bin ich, dass ich einen so wundervollen Ehemann habe! Er ist mir ein riesiges Gottesgeschenk.

Durch die vielen Medikamente konnte ich auch nicht lesen. Deshalb war das Erste, das Marcel tat, wenn er kam, mir aus der Bibel vorzulesen. Wir lesen als Familie abends gemeinsam nach einem Bibelleseplan einen Abschnitt in der Bibel und bis zum 30. November hatte ich den jeweiligen Text abends im Krankenhaus mitlesen können. So fühlte ich mich meiner Familie zu Hause verbunden. Jetzt las mir Marcel den entsprechenden Abschnitt vor.

Um den 10. Dezember herum bekam ich abends Fieber. Die Nachtschwester war schon sehr in Sorge und kam häufig, um meine Temperatur zu kontrollieren. Auch den Bauch begutachtete sie kritisch. Man machte sich Sorgen, dass ich erneut eine Sepsis hätte und dass der Darm seine Arbeit wieder einstellen würde. Doch obwohl die Nacht äußerlich recht hektisch war, war ich innerlich ganz gelassen. Ich betete und legte Gott alles hin, dann schlief ich ganz ruhig. Das Fieber sank von selbst und ich bekam keine erneute Sepsis, auch mein Darm arbeitete weiter. Ich erholte mich langsam und konnte am 18. Dezember 2017 nach den längsten fünfeinhalb Wochen meines Lebens entlassen werden.

Dieser Krankenhausaufenthalt hat etwas in meiner Beziehung zu Gott verändert, was ich kaum in Worte fassen kann.

Mir ist deutlicher denn je geworden, dass der Grund seines gütigen Handelns mit uns in ihm selbst liegt. Ich wusste mich so sicher und geborgen wie kaum zuvor in meinem Leben, weil ich wusste, dass er da war.

Überglücklich, aber sehr erschöpft kam ich wieder nach Hause. Ich konnte nicht viel machen, allein die morgendliche Toilette war schon wie ein Halbmarathon für mich. Ich lag viel im Bett oder saß im Sessel. An einem Nachmittag bekam ich eine wunderschöne Nachricht auf mein Handy zugeschickt:

»In Maleachi 3,3 heißt es: ›Und er wird sitzen und das Silber schmelzen und reinigen.‹

Dieser Bibelvers verwunderte einige Frauen in einem Bibelstudienkreis und sie fragten sich, was diese Aussage wohl über den Charakter und das Wesen Gottes zeigen würde. Eine der Frauen bot an, sich über den Prozess des Läuterns von Silber schlauzumachen und beim nächsten Treffen von dem Ergebnis zu berichten. In dieser Woche rief die Frau einen Silberschmied an und machte einen Termin aus, um ihm bei der Arbeit zuzusehen. Sie erwähnte nichts von dem Grund ihres Besuchs und ließ den Mann in dem Glauben, es sei nur ihre Neugier über den Prozess des Läuterns von Silber.

Als sie den Mann bei der Arbeit beobachtete, hielt dieser ein Stück Silber über das Feuer und ließ es heiß werden. Er erklärte, dass man beim Läutern von Silber das Metall in die Mitte des Feuers halten müsse, wo die Flammen am heißesten sind, um alle Unreinheiten wegzubrennen. Die Frau dachte darüber nach, dass Gott uns auch über so einen glühenden Punkt hält. Dann kam ihr wieder der Vers in den Sinn, in dem es heißt: ›Und er wird sitzen und das Silber schmelzen und reinigen.‹ Sie fragte den Silberschmied, ob es wahr sei, dass er die ganze Zeit vor dem Feuer sitzen bleiben müsse, bis das Silber geläutert sei. Der Schmied antwortete: ›Ja, ich muss sogar nicht nur dabei sitzen bleiben, sondern ich darf auch meine Augen die ganze Zeit nicht von dem Silber wegwenden, solange es sich im Feuer befindet. Wenn das Silber auch nur einen Augenblick zu lange im Feuer bleibt, würde es zerstört werden.‹ Die Frau war einen Moment lang still. Dann fragte sie: ›Woher wissen Sie, wann das Silber vollständig geläutert ist?‹ Der Schmied lächelte und antwortete: ›Oh, das ist leicht. Sobald ich mein Spiegelbild darin sehen kann.‹

Wenn Du heute die Hitze des Feuers spürst, dann erinnere Dich daran, dass Gott seine Augen auf Dich gerichtet hat und Dich aufmerksam beobachten wird, bis er sein Spiegelbild in Dir sieht! Manchmal brennt das Feuer vielleicht heiß, aber niemals unkontrolliert.«

Am Heiligen Abend konnte ich zum ersten Mal wieder mit zum Gottesdienst gehen. Ich hatte es so vermisst, bei den anderen zu sein, dass ich mich gerne die Stufen in den Gemeindesaal nach oben schleppte und erschöpft auf einen Stuhl sank. Gott hatte Felix' Gebet erhört. Denn als Marcel mit Lena und Felix über meinen sehr kritischen Zustand gesprochen hatte und sie gemeinsam gebetet hatten, da hatte er ganz zuversichtlich darum gebetet, dass wir doch alle zusammen Weihnachten feiern könnten. Und nun saßen wir alle vier im Weihnachtsgottesdienst, wobei ich wahrscheinlich diejenige war, die es am meisten genoss! Gott hatte uns schon wieder über die Maßen beschenkt – es war für mich fast unglaublich. Noch vor drei Wochen hatte ich auf der Intensivstation im Krankenhaus um mein Leben gekämpft und heute saß ich hier mit meiner Familie. Große Dankbarkeit erfüllte mein Herz!

Wozu ist besser als Warum

»Wozu« und »warum« sind zwei kleine Fragewörter, die doch einen großen Unterschied ausmachen. Wenn man so etwas erlebt wie wir als Familie, dann kommt einem schon mal die Frage: »Warum das alles?« Aber ich habe gemerkt, dass die Frage nach dem Warum nicht sehr hilfreich ist. Sie lässt sich nicht wirklich beantworten. Das Warum hinterfragt die Ursache für das Leid. Es lässt mich in dem, was geschehen ist, steckenbleiben und richtet den Blick immer rückwärts. *Habe ich etwas getan, was dieses Leid über unsere Familie gebracht hat? Habe ich etwas nicht getan, was dieses Leid hätte verhindern können?* Die bessere Frage lautet: »Wozu?« Es ist viel hilfreicher, nach dem Ziel, das Gott mit uns in dieser Situation hat, zu fragen. Es richtet unseren Blick nach vorne.

Gott hat immer ein gutes Ziel für uns. Er hat immer unser Bestes im Sinn und lässt uns niemals schwere und harte Zeiten erleben, um uns Schaden zuzufügen oder gar, weil er seine Freude daran hätte. Es ist ihm immer daran gelegen, dass wir eine gute und gesunde Beziehung zu ihm haben, dass wir ihn besser kennenlernen. Er gibt sich uns in seinem Wort zu erkennen – dort am allermeisten, aber auch in seinem Handeln mit uns.

In diesen zehn Jahren durften wir einiges über Gott und seine Eigenschaften lernen:

Gott ist sehr geduldig. Im Mai 2007 war die Vorstellung, dass ich eventuell mit einem Stoma leben müsste, sehr schrecklich für mich. Heute lebe ich sehr gerne damit, weil es mir Lebensqualität schenkt. Ich bin Gott dankbar und bin erstaunt über seine Geduld. Er hat mir zehn Jahre Zeit gegeben, dieses Stoma als Geschenk annehmen zu können.

Gott ist allmächtig. Mehr als nur einmal haben wir erlebt, wie Gott durch sein Handeln eingegriffen und die Dinge für uns zum Guten gewendet hat. Noch viel häufiger habe ich erlebt, wie er mich innerlich gestärkt hat, sodass ich die äußeren Umstände, die sich nicht geändert hatten, aushalten konnte.

Gott ist nahbar. Er ist unfassbar groß, heilig und erhaben und braucht uns Menschen überhaupt nicht. Trotzdem hat er sich den Menschen in Liebe zugewandt und uns in seinem Sohn die Möglichkeit geschaffen, zu ihm kommen zu können. Er freut sich und wünscht sich, dass wir zu ihm kommen und in seiner Gegenwart leben. Wenn wir ihn suchen, dann kommt er in unsere Nähe. Ich bin in den vergangenen Jahren so oft »hingefallen« und immer wieder war es Gott, der sich wie ein Vater zu mir gebeugt und gesagt hat: »Komm, Stephanie, steh auf. Nimm meine Hand und geh mit mir weiter.« Er ist der beste und treuste Gefährte, den man nur haben kann.

Gott ist treu. Manchmal war es in den vergangenen Jahren wie im Sturm für uns. Teilweise hatten wir kaum Zeit, zur Ruhe zu kommen und Atem zu schöpfen, so schnell überschlugen sich die Ereignisse. Gott war und ist in all diesen Stürmen unser Ruhepol, unser Fixpunkt, der eine, der sich niemals verändert und immer treu an unserer Seite ist.

»Denn ich, der HERR, ich verändere mich nicht …« (Maleachi 3,6)

Diese Beschreibungen Gottes sind natürlich keinesfalls erschöpfend in Bezug auf seine wahre Größe, aber es sind Beispiele, die deutlich machen, dass Gott im Leben real und erfahrbar ist. Nicht nur für uns als Familie, sondern für jeden Menschen, der sein Vertrauen auf ihn setzt. Nicht nur in der Krise, in der Not, im Leid, sondern jeden Tag, auch im Einerlei des Alltags. **Es ist unglaublich schön und bereichernd, Gott und sein Wesen immer besser kennenzulernen.**

Seit der letzten OP sind einige Jahre vergangen. Jetzt sitze ich hier und schreibe diesen Text. Ich hatte in der Zwischenzeit ein paar Rektoskopien, bei denen man sich eindeutig darauf festgelegt hat, dass ich bis jetzt trotz einiger Auffälligkeiten kein Rezidiv[23] habe. Bei einer Kontrolluntersuchung im Dezember wurde allerdings doch die dezente Größenzunahme einer »festen Struktur« festgestellt. Also doch ein Rezidiv? O Mann! Vieles ist noch offen. Das lege ich in Gottes Hand und vertraue darauf, dass er es richtig macht.

Vielleicht fragst Du Dich jetzt, wie es weitergeht. Bin ich geheilt? Bin ich gesund? Das weiß ich nicht. Aus medizinischer Sicht bin ich wahrscheinlich nicht geheilt und die Chance auf eine

23 In meinem Fall ein erneutes Tumorgeschehen.

vollständige Heilung steht nicht weit oben auf der Wahrscheinlichkeitsliste. Aber Gott hat seinen ganz eigenen Plan und allein in seinen Händen liegt es, wie es weitergeht.

Dankbar – Lena erzählt

Ich heiße Lena Himmelmann, bin achtzehn Jahre alt und besuche im Moment die 12. Klasse. Zu meinen Hobbys gehört, dass ich Cello spiele, mich gerne kreativ austobe und die gemeinsame Zeit mit Familie und Freunden genieße.

Ehrlich gesagt, habe ich von all dem Chaos um die Krankheit meiner Mama nicht sehr viel mitbekommen. Ich habe nie wirklich hinterfragt, warum Mama immer so oft zum Arzt musste, warum es ihr manchmal nicht gut ging, warum sie so oft im Krankenhaus war usw. Ich denke, es war gut, dass ich es nicht so genau wusste, denn als kleines Kind hätte ich es bestimmt sowieso nicht ganz verstanden.

An eine Sache kann ich mich aber gut erinnern: Papa kam eines frühen Morgens in mein Zimmer, nachdem er den Abend zuvor Mama noch im Krankenhaus besucht hatte. Er erzählte mir, dass der Arzt gesagt habe, dass Mama vielleicht sterben würde. Ich habe natürlich erst mal angefangen zu weinen, aber dann haben Papa und ich zusammen gebetet und ich konnte wirklich gut schlafen. Ich finde das bis heute ziemlich erstaunlich, da ich eher ein sehr sensibler Typ bin, der sich schnell Sorgen macht. Am nächsten Morgen mussten mein Bruder und ich nicht in die Schule gehen. Ich weiß ehrlich gesagt nicht mehr, wie der Tag danach verlaufen ist, nur dass er mir nicht als sonderlich schrecklich in Erinnerung geblieben ist. Dieses eine Gebet war die erstaunlichste Gebetserhörung, die ich bisher erlebt habe und für mich ein eindeutiger Beweis, dass Gott heute noch Wunder tut.

Es hat mich gefreut, dass viele Leute in der Gemeinde sogar spätabends für meine Mama und die Ärzte gebetet haben. Besonders toll fand ich es, als ein Mann im Gottesdienst laut für uns gebetet und uns dabei namentlich genannt hat. Unsere Glaubensgeschwister waren und sind eine richtige Familie für uns.

Selbst in der ungewissen Zeit hatten mein Bruder und ich viel Spaß. Eine Geschichte will ich hier noch loswerden:

Während Mama weg war, hat uns meine Oma oft im Haushalt geholfen. Einmal standen wir zu zweit in der Waschküche und haben versucht, die Berge an Wäsche zu trennen und nach der Gradzahl zu sortieren. Danach war das Bügeln dran. Ein Teil war das Kleid von Mama aus Jerseystoff mit Wasserfallkragen, das sie sich selbst genäht hatte. Ich muss heute noch lachen, wenn ich daran denke, wie meine Oma mit einem verwirrten Gesicht auf »Buttenderfer Platt« gefragt hat: »Was is' das da for'n Fatzen?«

Über heute kann ich nur sagen, dass wir eine total fröhliche Familie sind. Wir albern und lachen zusammen, spielen lustige Spiele und sind dankbar, dass wir uns haben. Bei uns finden große Gartenpartys statt, und wir kriegen viel Besuch, aber wie jede andere Familie sind wir nicht perfekt und es gibt auch mal Streit.

Selbst die Ärzte können sich nicht erklären, warum es meiner Mama so gut geht, dass sie das alles schaffen kann. Mittwochs gehen wir zu viert in die Bibelstunde und sonntags in den Gottesdienst. Unsere Filmabende machen mir immer viel Spaß und selbst die »kurzen« Fahrradtouren, die dann so in Halbtagstouren mit »tendenziell bergab« und zwischendurch »den Weg vergessen« enden, sind ganz schön spannend.

Ich könnte nie behaupten, dass ich irgendwelche Nachteile hatte oder es mir, selbst während Mamas Krankenhauszeit, nicht gut ging. Ich denke, eines meiner Charakterzeichen ist, dass ich fast immer ein Lächeln im Gesicht habe und auch sonst sehr fröhlich bin und gerne laut und schief singe.

Für meinen Bruder, meinen Papa und mich ist es ein großer Segen, dass wir Mama haben. Aber selbst wenn Mama uns damals hätte verlassen müssen, wünsche ich mir, dass wir trotzdem an der lebendigen Hoffnung festhielten, dass diese Trennung nur für kurze Zeit ist und wir sie eines Tages im Himmel wiedersehen werden.

Als ich Mama mal gefragt habe, zu wie viel Prozent sie in dieser einen Nacht gestorben wäre, hat sie gesagt: »Die Chance zu sterben oder zu leben ist jeden Tag fifty-fifty, da Gott entweder Ja oder Nein sagen kann.«

Ich hoffe, dass Du als Leser/-in und auch ich selbst durch dieses Buch ermutigt werden, uns ganz auf Gott zu verlassen und eine lebendige Hoffnung zu haben und eine Fröhlichkeit, die anderen Menschen zeigt, auf welchem Fundament wir leben.

Zum Schluss möchte ich mich herzlich bei allen bedanken, die uns in dieser Zeit unterstützt haben: Es gab viele Freunde, Nachbarn und die ganze Familie, die Mama besucht haben und uns geholfen haben.

Danke an Oma und Opa, die so oft auf Felix und mich abends aufgepasst haben.

Danke an die Gemeindemitglieder, die spätabends für Mama und uns gebetet haben.

Aber ich glaube, der größte Dank gilt Gott, der uns wie schon bei Samuel »bis hierher [...] geholfen« hat (vgl. 1. Samuel 7,12).

Nachwort

Wie zu Beginn schon gesagt, wollte ich Dich gerne mitnehmen in unser Leben, und wie wir Gott in den beschriebenen fünfzehn Jahren erlebt haben. Wir sind in der Rückschau zu dem Schluss gekommen:

»Gepriesen sei der Gott und Vater unseres Herrn Jesus Christus,
der Vater der Erbarmungen und Gott allen Trostes,
der uns tröstet in all unserer Bedrängnis,
damit wir die trösten können, die in allerlei Bedrängnis sind,
durch den Trost, mit dem wir selbst von Gott getröstet werden«
(2. Korinther 1,3-4).

Wir hoffen und beten, dass Du, der Du dieses Buch gelesen hast, diesen Trost erfährst. Wir möchten Dir Mut machen, Dich ganz an Gott zu wenden und alles von ihm zu erwarten. Ich möchte zeigen, wie Gott ist und den Leidenden ermutigen, sich Gott zu öffnen und ihm zu vertrauen. Dann wirst Du entdecken, dass alles, was er uns schickt, ein Geschenk ist, weil er es einfach gut mit uns meint. Manchmal brauchen wir dafür aber den Blick zurück – es sind Geschenke auf den zweiten Blick.